LAS CRIPTOMONEDAS Y EL FUTURO DE LA ECONOMÍA MUNDIAL

DAVID SANDUA

*"Blockchain es la tecnología.
Bitcoin es simplemente la primera manifestación principal de su potencial."*

Marc Kenigsberg

ÍNDICE

I. INTRODUCTION

La aparición de las criptomonedas ha sacudido los cimientos de la economía mundial. Con la llegada del Bitcoin en 2009, nació una nueva era, fundamentalmente diferente del sistema financiero tradicional que había estado vigente durante siglos. Las criptodivisas son monedas digitales que permiten realizar transacciones entre pares sin la intervención de una autoridad central como un banco o un gobierno. A diferencia de las monedas tradicionales, controladas por bancos centrales, las criptomonedas están descentralizadas, lo que significa que ninguna entidad controla su oferta, circulación o valor. La naturaleza descentralizada de las criptomonedas desafía al sistema económico actual, y su influencia ha suscitado un amplio debate entre economistas, inversores y responsables políticos sobre el futuro de la economía mundial. Este libro analizará la aparición e influencia de las criptomonedas y cómo están cambiando las reglas de la economía mundial.

BREVE DESCRIPCIÓN DE CRIPTOMONEDA

Las criptomonedas son un nuevo tipo de moneda digital que funciona en una red descentralizada. A diferencia de las monedas tradicionales, reguladas por los bancos centrales, las criptomonedas se basan en una tecnología encriptada -conocida como blockchain- para regular las transacciones y controlar la emisión de nuevas unidades. La criptomoneda más conocida, Bitcoin, se creó en 2009. Desde entonces, han surgido miles de otros activos digitales, cada uno con sus propias características y usos. Una de las principales ventajas de las criptomonedas es que no necesitan una autoridad central que regule las transacciones. Esto significa que los usuarios pueden transferirse dinero directamente entre sí sin necesidad de un banco u otro intermediario. Las transacciones se procesan a través de una red de ordenadores, que validan y registran cada transacción. Este proceso se conoce como minería, y quienes proporcionan la potencia de cálculo para facilitar las transacciones son recompensados con nuevas unidades de la criptomoneda.

Otra ventaja de las criptomonedas es que pueden utilizarse de forma anónima, lo que las hace atractivas para quienes valoran su privacidad. Dado que las transacciones se registran en un libro de contabilidad público, existe cierta transparencia en torno al movimiento de fondos. A menudo se desconoce la identidad de quienes controlan los monederos utilizados para almacenar los activos digitales, lo que dificulta que terceros puedan rastrear las transacciones hasta los usuarios individuales. Además de utilizarse como medio de intercambio, las criptomonedas también pueden emplearse como inversión. Muchas personas han invertido en activos digitales con la esperanza de que su valor aumente con el tiempo. La volatilidad de las criptomonedas hace que los precios puedan fluctuar rápidamente. Esto ha llevado a algunos críticos a cuestionar si las criptomonedas pueden considerarse realmente una inversión legítima. A pesar de estas preocupaciones, las criptomonedas han ganado un importante número de seguidores en los últimos años, y muchos de sus defensores afirman que representan el futuro del dinero. Uno de los logros más significativos de las criptomonedas ha sido la capacidad de facilitar los pagos transfronterizos sin necesidad de una red bancaria tradicional. Esto ha facilitado las transacciones entre personas de distintas partes del mundo sin necesidad de complicados y costosos procesos de cambio de divisas. Las criptomonedas también pueden reducir el fraude en el sistema financiero. Dado que las transacciones están protegidas mediante tecnología de cifrado, es mucho más difícil para los delincuentes manipular o robar fondos. Al no ser necesaria una autoridad central que regule las transacciones, se reduce enormemente el riesgo de corrupción y abuso de poder. Esto es especialmente importante en países con sistemas financieros débiles o inestables. Otra forma en que las criptomonedas están influyendo en la economía mundial es desafiando el papel tradicional de los bancos centrales. Los bancos centrales son responsables de regular la política monetaria y garantizar la estabilidad de las monedas nacionales. Las criptomonedas funcionan con independencia de los bancos centrales, lo que significa que pueden operar al margen del control gubernamental. Esto ha suscitado preocupación entre algunos responsables políticos, que temen que los activos digitales puedan socavar la estabilidad del sistema financiero mundial. A pesar de estas preocupaciones, muchos bancos centrales están explorando el uso de monedas digitales como forma de modernizar sus sistemas financieros. Las monedas digitales de bancos centrales son la última palabra de moda en el mundo de las finanzas. Son una moneda digital respaldada por un banco central y que funciona con una cadena de bloques (blockchain) u otra tecnología similar. Al emitir sus propias monedas digitales, los bancos centrales pueden tener más control sobre el sistema monetario, sin dejar de disfrutar de las ventajas de la tecnología de las monedas digitales. Las criptomonedas representan una nueva era en el intercambio monetario que desafía al sistema financiero tradicional. Ofrecen una serie de ventajas, como mayor privacidad, menores costes de transacción y mayor transparencia. Algunos críticos han expresado su preocupación por su volatilidad y falta de estabilidad, mientras que los responsables políticos se inquietan por el impacto de las monedas digitales en las economías nacionales. Está claro que las criptomonedas han llegado para quedarse y seguirán teniendo un impacto significativo en la economía mundial en los próximos años. A medida que avanzamos hacia una sociedad sin dinero en efectivo, los activos digitales se convertirán en una parte cada vez más importante del sistema monetario y desempeñarán un papel clave en la configuración del futuro de las finanzas.

OBJETIVO DEL LIBRO

El objetivo de este libro es examinar la aparición y la influencia de las criptomonedas en la economía mundial. Mediante la exploración de diversos aspectos de estas monedas digitales, incluidos sus beneficios e inconvenientes, este libro pretende ofrecer un análisis exhaustivo de cómo están cambiando las reglas del sistema financiero mundial. Las criptomonedas, que son activos digitales encriptados que normalmente se basan en la tecnología blockchain para su seguridad y verificación, existen desde hace más de una década, pero sólo en los últimos años han ganado una tracción significativa y la atención de los inversores, las empresas y los responsables políticos por igual. Los defensores de las criptomonedas argumentan que ofrecen varias ventajas sobre las formas tradicionales de dinero, incluyendo una mayor privacidad, seguridad y descentralización. También sostienen que el uso de criptomonedas puede reducir los costes de transacción y aumentar la inclusión financiera, sobre todo para quienes carecen de acceso a los servicios financieros tradicionales. Los detractores de las criptomonedas advierten de su volatilidad, falta de regulación y potencial para actividades ilícitas como el blanqueo de dinero, la evasión fiscal y la financiación del terrorismo. Estas cuestiones han llevado a muchos gobiernos y bancos centrales a adoptar un enfoque cauteloso hacia las criptomonedas, y algunos países incluso prohíben totalmente su uso. A pesar de estas preocupaciones, las criptomonedas han seguido atrayendo importantes inversiones y la atención tanto de las instituciones financieras tradicionales como de las nuevas empresas de tecnología financiera. Su potencial disruptivo ha llevado incluso a algunos expertos a predecir que podrían llegar a sustituir por completo a las formas tradicionales de dinero, cambiando fundamentalmente la forma en que realizamos transacciones e interactuamos con la economía mundial. Es esencial examinar de cerca la aparición y la influencia de las criptomonedas y comprender tanto sus posibles beneficios y riesgos como los retos que plantean al sistema financiero mundial. Este libro proporcionará una exploración exhaustiva de estas cuestiones, que permite a los lectores comprender mejor cómo las criptomonedas están reconfigurando las reglas de la economía mundial.

VISTA GENERAL DE LA ESTRUCTURA

En cuanto a su estructura, las criptomonedas funcionan de forma descentralizada, utilizando la tecnología blockchain para llevar un registro de las transacciones y garantizar su seguridad. Esto significa que, a diferencia de las monedas tradicionales, que están centralizadas y controladas por instituciones como bancos centrales y gobiernos, las criptodivisas no están sujetas al mismo nivel de regulación o supervisión. Las transacciones son verificadas y registradas por una red de usuarios, y cada transacción se añade al libro de contabilidad digital que es públicamente accesible y transparente. Esto permite un mayor anonimato y privacidad de los usuarios, al tiempo que reduce el riesgo de fraude o piratería informática. Otra característica clave de las criptomonedas es su oferta limitada. A diferencia de las monedas tradicionales, que pueden ser impresas o creadas a voluntad por los bancos centrales, la mayoría de las criptodivisas tienen una oferta finita predeterminada por sus creadores. Esto significa que no están sujetas a la inflación de la misma manera que las monedas tradicionales, ya que no existe ningún mecanismo para aumentar la oferta más allá de lo que ya se ha establecido. Esta oferta limitada también significa que las criptomonedas suelen estar sujetas a fluctuaciones de valor basadas en la oferta y la demanda. A diferencia de las divisas tradicionales, que suelen estar respaldadas por instituciones gubernamentales y son generalmente estables, las criptomonedas están sujetas a una volatilidad extrema. Esta volatilidad puede dificultar su uso

17

como moneda fiable, ya que su valor puede fluctuar enormemente en cortos periodos de tiempo. A pesar de estos retos, las criptomonedas han ganado cada vez más aceptación como forma legítima de moneda e inversión. Muchas empresas y minoristas aceptan ahora pagos en criptomonedas, y cada vez hay más mercados en línea y plataformas de inversión dedicadas al comercio de criptomonedas. Al mismo tiempo, los gobiernos y las instituciones financieras tratan de regular y gestionar el auge de las criptomonedas. Algunos gobiernos han prohibido o restringido su uso, alegando preocupación por el blanqueo de dinero y las actividades ilegales. Otros han tratado de regular el sector, a menudo imponiendo estrictos requisitos de información y registro a los proveedores e intercambios de criptomonedas. A pesar de estos retos, muchos analistas creen que las criptomonedas tienen el potencial de remodelar fundamentalmente la economía mundial. Sostienen que las criptomonedas podrían ayudar a reducir los costes de transacción, aumentar la inclusión financiera y promover una mayor libertad y democracia. Algunos incluso predicen que podrían llegar a sustituir a las monedas tradicionales, creando una economía mundial verdaderamente descentralizada.

El auge de las criptomonedas también conlleva importantes riesgos. Como ocurre con cualquier nueva tecnología o innovación financiera, siempre existe la posibilidad de fraude, piratería informática y otras actividades ilegales. También preocupa el impacto medioambiental de las criptomonedas, en particular el proceso de alto consumo energético utilizado para minar algunas de ellas. El auge de las criptomonedas es un fenómeno complejo y en rápida evolución que está cambiando las reglas de la economía mundial. Si bien es cierto que existen riesgos y retos asociados a su uso, también hay un importante potencial de innovación y crecimiento. es importante que los gobiernos, las empresas y los particulares consideren cuidadosamente las implicaciones de las criptomonedas y trabajen para desarrollar un marco regulador que promueva su uso seguro y responsable. Pensemos en algunas de las importantes innovaciones tecnológicas que han surgido en la historia reciente. Internet, por ejemplo, ha revolucionado nuestra forma de comunicarnos entre nosotros, con las empresas y con nuestros gobiernos. Los teléfonos inteligentes han hecho nuestras vidas más móviles y han puesto más poder en nuestras manos que nunca. El auge de las redes sociales ha permitido a personas de todo el mundo conectarse y compartir ideas como nunca antes. Las criptomonedas representan otra importante innovación tecnológica que puede tener profundas implicaciones para la economía mundial. Bitcoin, la criptomoneda más conocida, surgió a raíz de la crisis financiera de 2008, y fue diseñada para ofrecer una alternativa al sistema financiero centralizado que tanto daño había causado. Desde entonces, han surgido cientos de criptomonedas que ofrecen diferentes ventajas y usos. Mientras algunos ven en las criptomonedas una amenaza para los sistemas bancarios y financieros tradicionales, otros las consideran como una nueva y revolucionaria forma de realizar transacciones, invertir en activos y construir un mundo más equitativo. Uno de los aspectos más revolucionarios de las criptomonedas es su descentralización. A diferencia de los sistemas bancarios tradicionales, controlados por un pequeño grupo de poderosas instituciones y organizaciones, las criptomonedas están diseñadas para ser totalmente descentralizadas, sin ninguna autoridad central o intermediario que controle el flujo de fondos. Esto significa que ofrecen un nivel de seguridad y privacidad que no es posible con los sistemas bancarios tradicionales. Las transacciones pueden realizarse de forma totalmente anónima, lo que dificulta a los gobiernos u otras instituciones el seguimiento o la supervisión del uso de los fondos. Esto ha hecho que las criptomonedas resulten especialmente atractivas para las personas que valoran su privacidad y que buscan nuevas formas de proteger sus activos de injerencias externas. Otro aspecto importante de las criptomonedas es su potencial para empoderar a las personas de los países en desarrollo que históricamente se han visto privadas de sus derechos por los sistemas financieros tradicionales. Con las criptomonedas, las personas que viven en países con sistemas bancarios inestables o poco fiables pueden crear sus propios monederos virtuales y utilizarlos para realizar transacciones, adquirir bienes y servicios e invertir en activos como acciones y propiedades inmobiliarias. Esto tiene el potencial de crear una economía mundial más equitativa, en la que las personas que han quedado rezagadas por los sistemas financieros tradicionales tengan acceso a las mismas oportunidades y recursos que los habitantes de países más estables. Las criptomonedas no están exentas de problemas e inconvenientes. Una de las mayores preocupaciones en torno a las criptomonedas es su falta de regulación. Al estar descentralizadas y operar al margen de los sistemas financieros existentes, puede resultar difícil para los gobiernos regular o supervisar las transacciones realizadas con estas monedas virtuales. Esto ha suscitado preocupación por el blanqueo de dinero, la evasión fiscal y otras actividades delictivas que podrían desestabilizar la economía mundial. Recientemente, algunos gobiernos han empezado a tomar medidas para regular las criptomonedas, por ejemplo exigiendo a las casas de cambio y otros proveedores de servicios que se registren como transmisores de dinero y cumplan la normativa financiera vigente. Otro problema al que se enfrentan las criptomonedas es su volatilidad. Al no estar respaldadas por ningún activo físico ni materia prima, su valor puede fluctuar enormemente en función de la demanda del mercado y otros factores. Esto puede ser a la vez una bendición y una maldición para los inversores, ya que ofrece la posibilidad de obtener grandes beneficios, pero también el riesgo de sufrir pérdidas significativas. A medida que la tecnología subyacente a las criptomonedas siga desarrollándose y madurando, es posible que estos problemas dejen de ser una preocupación y que las criptomonedas se conviertan en inversiones a largo plazo más estables y fiables.

A pesar de estos retos, muchos creen que las criptomonedas desempeñarán un papel cada vez más importante en la economía mundial en los próximos años. Esto es especialmente cierto a medida que más y más personas reconocen los beneficios potenciales de estas monedas virtuales, como su descentralización, seguridad y potencial para empoderar a las personas en los países en desarrollo. Aunque es difícil predecir exactamente cómo cambiarán las criptomonedas las reglas de la economía mundial, parece claro que seguirán perturbando los sistemas financieros tradicionales y abriendo nuevas oportunidades para personas de todo el mundo. Las criptomonedas son una nueva tecnología revolucionaria que ya ha empezado a cambiar nuestra forma de concebir el dinero, las transacciones y la economía mundial. Ofrecen un nivel de seguridad y privacidad que no es posible con los sistemas financieros tradicionales, y tienen el potencial de empoderar a las personas de los países en desarrollo que han sido dejadas atrás por los sistemas financieros existentes. Aunque no cabe duda de que quedan retos y obstáculos por superar, los inversores, gobiernos y otras partes interesadas de todo el mundo reconocen cada vez más los beneficios potenciales de las criptomonedas. A medida que la tecnología subyacente a las criptomonedas siga evolucionando, es probable que veamos surgir usos y aplicaciones aún más innovadores, y que el futuro de la economía mundial se perfile de formas que hoy apenas podemos imaginar.

II. APARICIÓN DE LAS CRIPTOMONEDAS

La aparición de las criptomonedas ha trastocado las instituciones financieras tradicionales y ha cambiado las reglas de la economía mundial. Inicialmente, las criptomonedas se crearon como una forma de moneda digital o virtual que podía utilizarse como método de pago alternativo sin necesidad de una autoridad centralizada. La primera criptodivisa, Bitcoin, fue creada en 2009 por una persona o grupo anónimo conocido como Satoshi Nakamoto. Bitcoin se introdujo como un software de código abierto, y su código se hizo público, permitiendo a cualquiera verlo, descargarlo y modificarlo. La tecnología blockchain, en la que se basan las criptomonedas, es una forma innovadora de registrar y transferir datos digitales, proporcionando un sistema descentralizado en el que las transacciones pueden verificarse sin necesidad de intermediarios. La aparición de las criptomonedas ha tenido un impacto significativo en la economía mundial. Las criptomonedas han dado lugar a un nuevo tipo de economía, que funciona con unas reglas distintas a las de las economías tradicionales. Una de las principales ventajas de las criptomonedas es su descentralización. Las instituciones financieras tradicionales se basan en modelos centralizados que requieren intermediarios como bancos, cámaras de compensación o procesadores de pagos para facilitar las transacciones. Las criptomonedas, en cambio, operan en una red de igual a igual, lo que permite que las transacciones se realicen directamente entre particulares, reduciendo la necesidad de intermediarios. La naturaleza descentralizada de las criptomonedas ofrece numerosas ventajas, una de las cuales es la posibilidad de realizar transacciones sin necesidad de pagar costosas comisiones. Las instituciones financieras tradicionales cobran importantes comisiones por transacción, especialmente por pagos internacionales, que pueden llegar al 15% por transacción. En cambio, las criptomonedas ofrecen la posibilidad de cobrar comisiones de transacción bajas o nulas, lo que las convierte en una opción más asequible para empresas y particulares. Las criptomonedas son relativamente inmunes a la influencia política y no están sujetas a los movimientos de los mercados de divisas tradicionales, lo que las convierte en una forma de pago más estable. Otro aspecto fundamental de las criptomonedas es su capacidad para facilitar el anonimato, lo que las convierte en una opción atractiva para las personas que valoran la privacidad. Los sistemas financieros tradicionales dejan un rastro de papel que puede rastrearse y controlarse, lo que dificulta mantener la confidencialidad. Las criptomonedas permiten a los usuarios realizar transacciones de forma anónima, protegiendo su identidad, lo que es crucial para las personas que viven en países con regímenes opresivos o que valoran la privacidad y el anonimato. A pesar de sus ventajas, las criptomonedas también se han enfrentado a importantes retos. Uno de los principales ha sido la falta de regulación. Dada su naturaleza descentralizada, los gobiernos, los bancos y las instituciones financieras han considerado las criptomonedas como un reto regulatorio. Algunos países, como China y Rusia, han prohibido totalmente las criptomonedas, mientras que otros han introducido marcos normativos para regular su uso. La falta de regulación también ha abierto la posibilidad de actividades delictivas, ya que las criptomonedas se utilizan para facilitar actividades ilegales como el blanqueo de dinero y la financiación del terrorismo. Otro reto al que se enfrentan las criptomonedas es la cuestión de la seguridad. Las criptomonedas se almacenan en redes informáticas, lo que las hace vulnerables a ataques de piratas informáticos. El hackeo de Mt. Gox en 2014, que supuso la pérdida de más de 850.000 Bitcoins, es un claro recordatorio de la importancia de la seguridad en el espacio de las criptomonedas. La falta de cobertura de seguros para los intercambios de criptomonedas es un problema importante, ya que muchos hackeos de intercambios de alto perfil han provocado pérdidas significativas para los usuarios. A pesar de sus desafíos, las criptomonedas han ganado una tracción significativa en los últimos años. Bitcoin, la primera criptomoneda, ha visto aumentar su precio de 0,000 dólares en su lanzamiento a más de 60.000 dólares en su punto máximo en abril de 2021. Otras criptodivisas como Ethereum, Binance Coin y Dogecoin también han experimentado un crecimiento significativo, y algunas han alcanzado capitalizaciones de mercado de miles de millones de dólares. Los inversores institucionales, como bancos y fondos de cobertura, también han comenzado a invertir en criptodivisas, lo que demuestra la creciente aceptación de las criptodivisas en las finanzas tradicionales. La aparición de las criptomonedas ha perturbado las instituciones financieras tradicionales y ha cambiado las reglas de la economía mundial. La descentralización de las criptodivisas ha dado lugar a un nuevo tipo de economía, que funciona con unas reglas distintas a las de las economías tradicionales. Las criptomonedas ofrecen numerosas ventajas, como las bajas comisiones por transacción, el anonimato y la estabilidad, pero también se enfrentan a importantes retos, como los marcos normativos, la seguridad y la cobertura de los seguros. A pesar de sus dificultades, las criptomonedas han ganado terreno en los últimos años, y algunas se han convertido en nombres muy conocidos y gozan de gran aceptación en las finanzas tradicionales. El futuro de la economía mundial está cambiando y las criptomonedas están llamadas a desempeñar un papel importante en su configuración.

ANTECEDENTES HISTÓRICOS DE LAS CRIPTOMONEDAS

Para comprender el surgimiento y la influencia de las criptomonedas, es importante analizar sus antecedentes históricos. El concepto de monedas digitales se remonta a finales de los años 80 y principios de los 90, cuando algunos particulares empezaron a explorar el potencial del dinero digital. Uno de los pioneros de este concepto fue el informático David Chaum, que en 1983 fundó la empresa DigiCash. Esta empresa fue precursora de Bitcoin, que pretendía crear una moneda digital que pudiera utilizarse para adquirir bienes y servicios de forma anónima y sin necesidad de un intermediario centralizado. A pesar del potencial del dinero digital, no logró imponerse debido a la falta de adopción generalizada y a la preocupación por la seguridad. No fue hasta la aparición de Bitcoin en 2009 cuando las criptomonedas empezaron a llamar la atención del gran público. Bitcoin fue creado por una persona o grupo de personas anónimas bajo el seudónimo de Satoshi Nakamoto. Su creación se vio impulsada por la crisis financiera de 2008, que sacudió el sistema financiero mundial hasta sus cimientos. La idea subyacente detrás de Bitcoin era crear una moneda digital descentralizada, de igual a igual, que permitiera a los individuos realizar transacciones sin necesidad de un intermediario centralizado. Bitcoin funciona con un sistema conocido como blockchain, que es un libro de contabilidad distribuido que registra todas las transacciones de la red. Su mantenimiento corre a cargo de una red de nodos que actualizan el libro de contabilidad en tiempo real, garantizando que siempre esté actualizado y sea preciso. La naturaleza descentralizada de la cadena de bloques hace que sea extremadamente difícil de piratear o manipular, por lo que ofrece un alto nivel de seguridad. El auge de Bitcoin y otras criptomonedas se ha visto impulsado por varios factores. Uno de los principales es la creciente desconfianza en las instituciones financieras centralizadas. Las criptomonedas ofrecen una alternativa a los sistemas bancarios tradicionales, que a menudo se consideran corruptos o poco fiables. Mediante el uso de criptomonedas, las personas pueden tomar el control de su propio destino financiero y realizar transacciones de forma anónima y segura.

Otro factor que contribuye al auge de las criptomonedas es su potencial para perturbar el sistema financiero mundial. Las criptomonedas operan con independencia de gobiernos y bancos, lo que significa que no están sujetas a las mismas regulaciones y restricciones que las instituciones financieras tradicionales. Esta falta de regulación ha suscitado preocupación por su uso en actividades ilegales como el blanqueo de capitales y la financiación del terrorismo.

A pesar de estas preocupaciones, las criptomonedas han seguido ganando popularidad y valor. En 2020 existían más de 5.000 criptomonedas, con una capitalización de mercado total de más de 200.000 millones de dólares. Bitcoin sigue siendo la criptomoneda más valiosa, con una capitalización de mercado de más de 120.000 millones de dólares. Su valor ha sido extremadamente volátil, con un precio que ha pasado de unos pocos céntimos en 2009 a más de 20.000 dólares a finales de 2017, antes de retroceder bruscamente al año siguiente.

El auge de las criptomonedas ha tenido un profundo impacto en la economía mundial. Una de las principales formas en que están cambiando las reglas del juego es desafiando a los sistemas bancarios tradicionales. Las criptomonedas ofrecen una alternativa a la banca tradicional, que puede ser lenta, cara y engorrosa. Las transacciones en la red Bitcoin pueden completarse en cuestión de minutos y a una fracción del coste de los sistemas bancarios tradicionales. Esto tiene el potencial de trastornar el sector bancario, e incluso podría llevar a la desaparición final de los bancos tradicionales. Otra forma en que las criptomonedas están cambiando la economía mundial es ofreciendo oportunidades de inversión y especulación. Con el aumento del valor de las criptomonedas, muchas personas se han interesado en invertir en ellas. Esto ha llevado a la creación de numerosas bolsas de criptomonedas, donde los particulares pueden comprar y vender criptomonedas con facilidad. La falta de regulación en el de la criptomoneda también ha suscitado preocupación por las actividades fraudulentas y la manipulación del mercado. El auge de las criptomonedas también ha suscitado el debate sobre su potencial para desafiar la soberanía de los gobiernos y su capacidad para controlar sus propias divisas. Las criptomonedas no están vinculadas a ningún banco. Los bancos centrales no están sujetos a un gobierno o nación en particular, lo que significa que pueden operar independientemente del control gubernamental. Esto ha suscitado preocupación por la capacidad de los gobiernos para aplicar la política monetaria y regular sus propias economías. Algunos gobiernos ya han tomado medidas para regular las criptomonedas, mientras que otros las han prohibido directamente. Las criptomonedas son un fenómeno relativamente nuevo en la escena económica mundial, pero su impacto ha sido profundo. La aparición de las criptomonedas se ha visto impulsada por una combinación de factores, como la desconfianza en las instituciones financieras centralizadas, el potencial para perturbar el sistema financiero mundial y el aumento de las oportunidades de inversión. Su falta de regulación y su potencial para ser utilizadas en actividades ilegales han suscitado dudas sobre su viabilidad a largo plazo. A medida que se generalice el uso de las criptomonedas, será interesante ver cómo siguen desafiando a los sistemas bancarios tradicionales y a los gobiernos, y qué impacto tendrán en el futuro de la economía mundial.

BITCOIN DE SATOSHI NAKAMOTO

La aparición de las criptomonedas ha introducido sin duda un nuevo concepto perturbador en la economía mundial. Entre las diversas criptomonedas disponibles en la actualidad, Bitcoin es la más destacada y exitosa. Su creador, bajo el seudónimo de Satoshi Nakamoto, presentó al mundo un nuevo concepto innovador en 2008, cuando publicó el libro blanco de Bitcoin, en el que esbozaba el concepto de una moneda electrónica descentralizada y entre iguales. La publicación de este libro blanco marcó el inicio de una revolución financiera que se ha prolongado durante más de una década. Era una idea radical que desafiaba el modelo tradicional de instituciones financieras centralizadas que habían dominado el panorama financiero internacional durante siglos. En los años transcurridos desde su creación, Bitcoin ha crecido exponencialmente, y en la actualidad registra volúmenes de negociación diarios superiores a 5.000 millones de dólares, con más de 18 millones de bitcoins en circulación. La capitalización bursátil de Bitcoin ha superado los 200.000 millones de dólares, lo que la convierte en una de las principales divisas mundiales. El éxito y la creciente aceptación de Bitcoin han inspirado la creación de otras criptomonedas que siguen principios similares a Bitcoin, y su influencia ha sido innegablemente masiva, transformando la economía mundial de formas antes inimaginables. Uno de los impactos más significativos de Bitcoin y del creciente mundo de las criptomonedas ha sido su naturaleza descentralizadora, que desafía a las instituciones bancarias tradicionales, los actores clave de la economía global. Las monedas descentralizadas operan con independencia de la banca y otras instituciones financieras, lo que permite a los particulares realizar transacciones financieras cómodamente y con una interferencia reguladora mínima. Es en este sentido que las criptodivisas están provocando un cambio fundamental en la forma en que el mundo piensa sobre el dinero. Su naturaleza descentralizada elimina la necesidad de un intermediario como un banco para procesar las transacciones, lo que reduce significativamente el coste de las transacciones financieras. Los individuos tienen un control total sobre sus fondos, lo que les permite convertirse en sus banqueros y disfrutar de la privacidad, seguridad y transparencia que conllevan las criptodivisas. En muchos sentidos, Bitcoin representa una democratización de las finanzas, y está cambiando las reglas de la economía mundial al proporcionar una infraestructura financiera descentralizada y transparente a cualquier persona, en cualquier lugar del mundo. Personas de todo el mundo están utilizando Bitcoin para una amplia gama de actividades económicas, algunos para almacenar valor y otros para hacer compras en línea. Con una moneda descentralizada, los individuos ya no tienen que depender de infraestructuras obsoletas e instituciones financieras tradicionales para realizar transacciones. Abrir cuentas bancarias y realizar transacciones transfronterizas con criptomonedas es más fácil que antes. Las remesas y los pagos son ahora más rápidos y baratos, sin restricciones y con comisiones reducidas. Con Bitcoin, las personas pueden ahora almacenar riqueza sin temor a la interferencia del gobierno, y pueden mover fondos a través de las fronteras sin estar sujeto a costosas comisiones y retrasos derivados de la normativa bancaria y cambiaria. Las partes interesadas están empezando a comprender el potencial de las criptomonedas y sus ventajas, lo que está llevando a una creciente aceptación del Bitcoin y otras monedas digitales. Mientras que algunos siguen mostrándose escépticos y cautelosos con respecto a las criptomonedas, las principales organizaciones minoristas están empezando a aceptar los beneficios potenciales que conllevan las criptomonedas, como la mayor velocidad, seguridad y transparencia de las transacciones. Gigantes de la tecnología como Microsoft, PayPal y Amazon son sólo algunas de las organizaciones que aceptan pagos en Bitcoin. Bitcoin se está abriendo paso incluso en la arquitectura financiera tradicional, ya que bancos y otras instituciones financieras como Citibank y Fidelity han empezado a ofrecer criptomonedas a sus clientes.

Otro elemento esencial de las criptomonedas es la cadena de bloques, que proporciona a Bitcoin la seguridad y transparencia necesarias. El concepto de cadena de bloques tiene muchas aplicaciones potenciales en ámbitos que van mucho más allá de las finanzas, como la gobernanza, los derechos de propiedad y la sanidad. Las propiedades de esta nueva tecnología incluyen la inmutabilidad, la resistencia a la manipulación y la transparencia, lo que le confiere un valor incalculable. No podemos hablar del impacto de las criptomonedas sin reconocer los riesgos y limitaciones que conllevan. Una de las principales preocupaciones sobre las criptomonedas es su falta de supervisión reguladora. La falta de regulación puede facilitar actividades ilícitas como el blanqueo de dinero, el tráfico de drogas, la trata de seres humanos, el terrorismo y otras actividades delictivas. Esto ha llevado a algunas autoridades de todo el mundo a prohibir el uso y el comercio de criptomonedas. Debido a su anonimato inherente, las criptomonedas son propensas a ser utilizadas indebidamente y robadas. Esto supone un reto para las empresas y los particulares que utilizan criptomonedas y es motivo de preocupación para los gobiernos de todo el mundo. La volatilidad de las criptomonedas pone de manifiesto otro inconveniente. El valor del Bitcoin y de otras criptomonedas ha fluctuado considerablemente a lo largo de los años, convirtiéndolas en una opción de inversión inestable para muchos. A pesar de los numerosos protocolos de seguridad existentes y del alto nivel de criptografía que rodea a las criptomonedas, se han producido casos de piratería informática y ciberataques contra las bolsas de criptomonedas. Las criptomonedas como Bitcoin, Ethereum y Litecoin se consideraban antes un oscuro concepto financiero y poco a poco están ganando aceptación y perturbando el sistema bancario tradicional en todo el mundo. Su naturaleza descentralizadora significa que cada vez más personas empiezan a controlar sus finanzas y se liberan de las finanzas centralizadas que han dominado la economía mundial durante siglos. Dicho esto, existen incertidumbres. La creciente aceptación de las criptomonedas y su creciente influencia en todo el mundo demuestran que han llegado para quedarse, y su impacto repercutirá significativamente en la economía mundial en los próximos años. Aunque existen riesgos y desafíos, los beneficios potenciales de las criptomonedas son enormes, y su aceptación por parte de las grandes empresas, las instituciones financieras y el público en general demuestran que las criptomonedas se están convirtiendo en una parte esencial de la economía mundial.

OTRAS CRIPTOMONEDAS POPULARES

Además del Bitcoin, hay otras criptomonedas populares que merece la pena comentar brevemente en este análisis. Ethereum, por ejemplo, es la segunda criptodivisa más valiosa, con una capitalización de mercado de unos 20.000 millones de dólares. Fue lanzada en 2015 por Vitalik Buterin, un programador ruso-canadiense, y ha ido ganando popularidad debido a sus características únicas que la distinguen de Bitcoin. Ethereum no es solo una criptomoneda, sino también una plataforma basada en blockchain que permite a los desarrolladores crear aplicaciones descentralizadas, contratos inteligentes y activos digitales basados en su criptomoneda nativa, Ether. A diferencia de Bitcoin, que utiliza un algoritmo de consenso proof-of-work que requiere que los mineros resuelvan complejos rompecabezas matemáticos para validar las transacciones y obtener recompensas, Ethereum utiliza un mecanismo de consenso diferente llamado proof-of-stake, que reduce el consumo de energía y las tarifas de transacción. La función de contratos inteligentes de Ethereum ha permitido su uso en varios proyectos innovadores de blockchain, como las finanzas descentralizadas (DeFi), los tokens no fungibles (NFT) y las aplicaciones descentralizadas (DApps). Otra criptomoneda popular es Ripple, cuya capitalización de mercado ronda los 11.000 millones de dólares. Ripple fue lanzado en 2012 por la empresa Ripple Labs, y su objetivo es revolucionar las transacciones de pago transfronterizas mediante el uso de su protocolo de pago basado en blockchain llamado RippleNet. RippleNet permite a los bancos e instituciones financieras para enviar y recibir dinero a nivel mundial en tiempo real, con costes de transacción mínimos y sin necesidad de intermediarios. Ripple utiliza un algoritmo de consenso diferente denominado Ripple Protocol consensus algorithm, que se basa en una red de validadores de confianza que validan las transacciones y mantienen la integridad del libro mayor de Ripple. La criptomoneda XRP de Ripple se utiliza como moneda puente en las transacciones de RippleNet, facilitando el intercambio de diferentes monedas fiduciarias de forma rápida y eficiente. Litecoin es otra criptomoneda popular que fue lanzada en 2011 por Charlie Lee, un antiguo ingeniero de Google. Litecoin se considera a menudo como la plata del oro de Bitcoin, ya que es similar a Bitcoin en muchos aspectos, pero con algunas diferencias clave. Al igual que Bitcoin, Litecoin es una criptomoneda descentralizada que utiliza un algoritmo de consenso de prueba de trabajo y tiene un suministro limitado de 84 millones de monedas. Litecoin tiene un tiempo de bloqueo más rápido de 2,5 minutos, en comparación con los 10 minutos de Bitcoin, lo que significa que puede procesar las transacciones más rápido y con comisiones más bajas. Litecoin también utiliza un algoritmo de hash diferente llamado Scrypt, que requiere más memoria y es más resistente a la minería ASIC (circuito integrado de aplicación específica), lo que lo hace más accesible a mineros individuales con hardware estándar. Otras criptomonedas populares son Bitcoin Cash, Binance Coin, Chainlink y Tether. Bitcoin Cash se creó en 2017 como una bifurcación de la cadena de bloques original de Bitcoin, con el objetivo de aumentar el límite de tamaño de los bloques y mejorar la velocidad y las comisiones de las transacciones.

Binance Coin es la criptodivisa nativa de la bolsa Binance, que es la mayor bolsa de criptodivisas del mundo por volumen de operaciones. Chainlink es una red de oráculos descentralizada que proporciona datos en tiempo real a los contratos inteligentes, permitiéndoles interactuar con fuentes de datos externas. Tether es una stablecoin vinculada al valor del dólar estadounidense que se utiliza como cobertura frente a la volatilidad de las criptomonedas. Las criptomonedas han surgido como una tecnología disruptiva que está cambiando las reglas de la economía mundial. Aunque se enfrentan a varios retos, como la incertidumbre regulatoria, los riesgos de ciberseguridad y los problemas de escalabilidad, sus beneficios potenciales, como la confianza descentralizada, la inclusión financiera y la reducción de los costes de transacción, las convierten en una innovación prometedora que no debe ignorarse. Bitcoin, en particular, ha allanado el camino a otras criptomonedas y ha demostrado que una moneda digital descentralizada y entre iguales puede tener valor y ser ampliamente adoptada. Otras criptomonedas populares, como Ethereum, Ripple y Litecoin, tienen características únicas que las distinguen de Bitcoin y han permitido su uso en varios proyectos innovadores de blockchain. El futuro de las criptomonedas es incierto, pero una cosa está clara: han llegado para quedarse y su impacto en la economía mundial no hará sino crecer.

La aparición y la influencia de las criptomonedas han creado un gran revuelo en el panorama económico mundial. Las criptomonedas son monedas virtuales o digitales que se aseguran mediante criptografía. La primera criptomoneda, Bitcoin, se introdujo en 2009, y desde entonces el mercado ha crecido exponencialmente, con más de 2.000 monedas digitales conocidas. La popularidad de las criptomonedas se debe a su naturaleza descentralizada y al hecho de que no necesitan intermediarios como bancos o gobiernos, o instituciones financieras. Esto, a su vez, tiene el potencial de perturbar los sistemas financieros tradicionales, la banca central y la política monetaria de los gobiernos. Blockchain proporciona el marco para una red entre pares que facilita las transacciones sin intermediarios como bancos, instituciones financieras o instituciones gubernamentales. Las criptomonedas están descentralizadas y se basan en libros de contabilidad distribuidos, lo que significa que las transacciones requieren el consenso entre los participantes de la red, en lugar de una única autoridad de control. Esto crea el potencial para un sistema financiero más democrático y equitativo, que no depende de intermediarios centralizados. Las criptomonedas tienen el potencial de revolucionar varios aspectos de la economía mundial. Han abierto nuevas posibilidades para la transferencia de dinero a través de las fronteras, reduciendo el tiempo y el coste de las transacciones transfronterizas. Las criptomonedas también pueden mejorar los flujos de remesas, permitiendo a las personas enviar dinero a sus familias en otros países a un coste menor. Esto puede tener implicaciones significativas para los países en desarrollo, donde la infraestructura bancaria tradicional es limitada. Las criptomonedas pueden facilitar nuevas formas de inversión y financiación, como las Ofertas Iniciales de Monedas (ICO), que permiten a las empresas de nueva creación recaudar capital a través de tokens basados en criptomonedas. Esto tiene el potencial de alterar la industria tradicional de capital riesgo, haciendo que la recaudación de fondos sea más accesible y diversa. Las criptomonedas también ofrecen oportunidades para los micropagos y el comercio electrónico, que permiten a los consumidores comprar contenidos digitales a pequeña escala sin incurrir en costes de transacción significativos. El auge de las criptomonedas no ha estado exento de polémica. Las criptomonedas se han utilizado para actividades ilegales, como el blanqueo de dinero, la evasión fiscal y el tráfico ilícito de drogas, debido a su anonimato e imposibilidad de rastreo. Varios hackeos de gran repercusión en las bolsas de criptomonedas también han suscitado dudas sobre la seguridad y fiabilidad de la tecnología de las criptomonedas. También ha suscitado inquietud la posibilidad de que las criptomonedas se utilicen para manipular el mercado y utilizar información privilegiada, dada su naturaleza no regulada. Los beneficios potenciales de las criptomonedas superan sus inconvenientes. Las criptomonedas ofrecen un sistema financiero descentralizado y democrático que no está controlado por las instituciones financieras tradicionales ni por los gobiernos. Esto tiene el potencial de crear un sistema económico más equitativo que proporcione un mayor acceso y oportunidades financieras a los habitantes de los países en desarrollo. Los bajos costes de transacción y la facilidad de las transacciones transfronterizas también tienen el potencial de transformar el comercio mundial, creando nuevas oportunidades para las pequeñas empresas. El uso de libros de contabilidad distribuidos, blockchain y contratos inteligentes también puede mejorar la transparencia y la rendición de cuentas al tiempo que reduce los costes de transacción. El auge de las criptomonedas también ha desafiado a las instituciones financieras tradicionales y a los gobiernos, que han empezado a tomar nota de las posibles repercusiones en sus sectores. La falta de regulación y de marcos jurídicos ha suscitado la preocupación de los responsables políticos por los riesgos potenciales de las criptomonedas. Los gobiernos y las instituciones financieras han adoptado distintos enfoques con respecto a las criptomonedas, que van desde la prohibición total en países como China hasta medidas reguladoras progresivas en países como Japón y Suiza. El panorama normativo en torno a las criptomonedas sigue evolucionando, y los responsables políticos intentan equilibrar la necesidad de innovación con la protección de los consumidores y la estabilidad financiera. La aparición y la influencia de las criptomonedas pueden transformar la economía mundial. La naturaleza descentralizada de las criptomonedas permite un sistema financiero más democrático y equitativo que no depende de intermediarios como bancos, instituciones financieras o gobiernos. Las criptomonedas también tienen el potencial de reducir el coste y el tiempo de las transacciones transfronterizas y ofrecen oportunidades para los micropagos y el comercio electrónico, creando nuevas posibilidades para las pequeñas empresas. El uso de criptomonedas en actividades ilegales y la falta de marcos reguladores han suscitado la preocupación de los responsables políticos. Los gobiernos y las instituciones financieras siguen buscando formas de equilibrar la innovación con la protección de los consumidores y la estabilidad financiera. Las criptomonedas ofrecen grandes posibilidades para el futuro, y se espera que su influencia no haga sino crecer, desafiando al sistema financiero tradicional y allanando el camino hacia un sistema económico más descentralizado y democrático.

III. COMPRENDER LAS CRIPTOMONEDAS

Para comprender plenamente el impacto de las criptomonedas en la economía mundial, es crucial entender su tecnología subyacente y los principios sobre los que operan. Las criptodivisas son fichas digitales o virtuales que emplean la criptografía para proteger sus transacciones y controlar la creación de nuevos activos. Esta característica las hace descentralizadas y resistentes a la manipulación por parte de cualquier autoridad central, a diferencia de las monedas tradicionales, que son emitidas y reguladas por gobiernos e instituciones financieras. La primera y más conocida criptodivisa es Bitcoin, creada en 2009. Desde entonces, se han desarrollado miles de criptomonedas más, cada una con características y propósitos únicos. Uno de los rasgos distintivos de las criptomonedas es su capacidad para permitir transacciones seudónimas. A diferencia de los métodos de pago tradicionales, que requieren identificación personal y verificación, las criptomonedas permiten a los usuarios anonimizar sus transacciones utilizando identificadores seudónimos llamados direcciones. Estas direcciones son generadas por los monederos o bolsas que facilitan las transacciones de criptodivisas y no están directamente vinculadas a la identidad real del usuario. Aunque esto proporciona un nivel de privacidad atractivo para algunos usuarios, también suscita preocupación por el posible uso de las criptomonedas para actividades ilegales, como el blanqueo de capitales y la financiación del terrorismo.

Otro aspecto crítico de las criptomonedas es su oferta limitada y controlada. A diferencia de las monedas fiduciarias, que pueden imprimirse o acuñarse a voluntad, las criptomonedas tienen una oferta máxima predeterminada que no puede superarse. Esta característica garantiza que las criptomonedas no puedan devaluarse mediante medidas inflacionistas, como la expansión cuantitativa, y contribuye a mantener su valor a lo largo del tiempo. La creación de nuevas unidades de criptomonedas está controlada por algoritmos que las generan a un ritmo predeterminado, lo que hace imposible que cualquier autoridad centralizada o individuo manipule la oferta.

El uso de la tecnología blockchain es otro componente crucial de las criptodivisas. La cadena de bloques, es la columna vertebral del sistema de criptomonedas. Se trata de una base de datos pública e inmutable que se distribuye a través de una red de ordenadores o nodos, por lo que es prácticamente imposible alterarla o corromperla. Cada vez que se realiza una transacción con una criptomoneda, se registra en la cadena de bloques como un bloque que es verificado por los nodos de la red. Una vez verificado, el bloque se añade a la cadena, creando un registro inviolable de todas las transacciones realizadas dentro del sistema. La implementación de contratos inteligentes es otra característica importante de algunas criptomonedas. Los contratos inteligentes son contratos autoejecutables en los que los términos del acuerdo entre comprador y vendedor se escriben directamente en código. Este código, que se almacena en la cadena de bloques (blockchain) y al que puede acceder y ejecutar cualquier nodo de la red, garantiza la ejecución del contrato de forma transparente, limitada en el tiempo y a prueba de manipulaciones. El uso de contratos inteligentes tiene un enorme potencial para agilizar muchos de los procesos contractuales que actualmente dependen de intermediarios, como abogados y agentes, y reducir los costes totales asociados a la realización de negocios. La naturaleza descentralizada y sin fronteras de las criptomonedas tiene enormes implicaciones para el futuro de la economía mundial. Las criptomonedas desafían el papel tradicional de los gobiernos y las instituciones financieras en la regulación del flujo de dinero y la realización de transacciones. Permiten la democratización de las finanzas, haciendo posible que cualquiera, independientemente de su ubicación o estatus socioeconómico, participe en la economía global. El uso de criptomonedas puede ayudar a reducir los costes de las transacciones y aumentar la velocidad de las mismas, especialmente en el caso de las transacciones transfronterizas, que pueden ser costosas y lentas. El uso de criptomonedas también tiene implicaciones significativas para la estabilidad económica y financiera. Las criptomonedas son intrínsecamente volátiles y su valor fluctúa con rapidez y de forma impredecible. Esta volatilidad ha suscitado preocupación por la posibilidad de que las criptomonedas perturben la estabilidad financiera mundial, especialmente si su volatilidad se extiende a los mercados financieros tradicionales. El uso de criptomonedas para actividades ilegales ha suscitado preocupación por su posible impacto en la seguridad y el cumplimiento de la ley. La falta de regulación y supervisión en el ámbito de las criptomonedas ha generado preocupaciones legítimas sobre fraudes y robos, que han provocado importantes pérdidas financieras a algunos inversores. Las criptomonedas están emergiendo como una fuerza disruptiva en la economía mundial, desafiando el papel tradicional de los gobiernos y las instituciones financieras en la regulación del flujo de dinero y la realización de transacciones. Su naturaleza descentralizada, seudónima y de oferta limitada, combinada con blockchain y los contratos inteligentes, tienen un enorme potencial para agilizar los procesos empresariales y reducir los costes de las transacciones, especialmente en el caso de las transacciones transfronterizas. La volatilidad inherente a las criptomonedas, la posibilidad de que se utilicen en actividades ilegales y la falta de regulación y supervisión en el espacio de las criptomonedas son retos importantes que deben superarse antes de que las criptomonedas puedan convertirse en una parte importante de la economía mundial.

DEFINICIÓN Y CATEGORÍAS DE CRIPTOMONEDAS

El término criptodivisa se utiliza para definir un activo digital que utiliza la criptografía para asegurar sus transacciones y controlar la creación de nuevas unidades. Blockchain es la columna vertebral de las criptomonedas, que son divisas digitales descentralizadas que utilizan la criptografía para verificar y asegurar las transacciones, limitar la creación de nuevas unidades y garantizar la integridad de la blockchain. Las criptomonedas se clasifican en tres grandes categorías: Bitcoin (BTC) y sus bifurcaciones, altcoins y monedas basadas en tokens. Bitcoin y sus bifurcaciones son las criptomonedas más antiguas y conocidas. Están descentralizadas y aseguradas por el algoritmo de consenso proof-of-work (PoW). Están diseñadas para tener un suministro limitado, con un tope en el número de monedas que se pueden crear. Las altcoins, abreviatura de "criptomonedas alternativas", se refieren a cualquier criptomoneda que no sea Bitcoin. Estas monedas desempeñan un papel importante en el ecosistema de las criptomonedas, proporcionando un medio para la inversión y la especulación, así como ofreciendo características únicas que Bitcoin puede no tener. Las monedas basadas en tokens son monedas digitales que se construyen sobre otra plataforma blockchain, como Ethereum. No tienen una cadena de bloques independiente, sino que utilizan un marco de contratos inteligentes para crear y gestionar los tokens. Pueden utilizarse para representar activos, divisas u otros tokens. Bitcoin, la primera criptomoneda, fue creada en 2009 por un individuo o grupo de individuos bajo el seudónimo de Satoshi Nakamoto. Bitcoin está descentralizado, lo que significa que no hay una autoridad central que los controle, y están asegurados por el algoritmo de consenso Proof-of-Work (PoW). Este algoritmo PoW requiere que los mineros (individuos o grupos de individuos) resuelvan complejos problemas matemáticos para añadir nuevos bloques de transacciones a la blockchain. A cambio de verificar las transacciones y participar en la red, los mineros son recompensados con una cantidad determinada de Bitcoin. Los Bitcoins están diseñados para tener un suministro limitado, con un tope de 21 millones de Bitcoins. Bitcoin ha abierto el camino para el surgimiento de una nueva industria que engloba la creación y el comercio de monedas digitales. Las altcoins, por su parte, son criptomonedas más recientes que han surgido desde la creación de Bitcoin. Suelen crearse para abordar problemas o limitaciones específicos de Bitcoin o para ofrecer características únicas que Bitcoin no tiene. Algunas de las altcoins más populares son Ethereum (ETH), Litecoin (LTC), Bitcoin Cash (BCH) y Ripple (XRP). Ethereum es una plataforma de blockchain descentralizada que permite la creación de aplicaciones descentralizadas y contratos inteligentes.

Litecoin se considera a menudo una versión "lite" de Bitcoin, mientras que Bitcoin Cash se creó como resultado de una bifurcación en la blockchain de Bitcoin como forma de abordar el problema de la escalabilidad. Ripple es una moneda digital y un protocolo de pago diseñado para facilitar transacciones rápidas y seguras. Las monedas basadas en tokens son una nueva categoría de criptomonedas que se construyen sobre otra plataforma blockchain, como Ethereum. Estas monedas no tienen una cadena de bloques independiente, sino que se basan en un marco de contrato inteligente. El contrato inteligente permite la creación y gestión de tokens, que pueden utilizarse para representar diversos activos, como divisas o materias primas, u otros tokens. Ejemplos de monedas basadas en tokens son Tether (USDT), USD Coin (USDC) y Binance Coin (BNB). Tether y USD Coin son stablecoins, criptomonedas diseñadas para mantener un valor estable en relación con una moneda fiduciaria, como el dólar estadounidense. Las criptomonedas son activos digitales que utilizan la criptografía para asegurar las transacciones y controlar la creación de nuevas unidades. Están descentralizadas y utilizan la tecnología blockchain para garantizar la integridad de las transacciones. Las criptomonedas se clasifican en tres grandes categorías: Bitcoin y sus bifurcaciones, altcoins y monedas basadas en tokens. Bitcoin es la primera y más conocida criptomoneda, mientras que las altcoins son nuevas criptomonedas que han surgido para abordar problemas específicos u ofrecer características únicas.

Las monedas basadas en tokens son una nueva categoría de criptomonedas que se construyen sobre otra plataforma blockchain y se utilizan para representar activos u otros tokens. El auge de las criptomonedas ha tenido un profundo impacto en la economía mundial, al ofrecer un nuevo medio de realizar transacciones de forma rápida, segura y transparente. A medida que las criptomonedas sigan madurando e integrándose en la economía mundial, sin duda seguirán influyendo y configurando las políticas económicas y los sistemas financieros. Queda por ver si las criptomonedas acabarán sustituyendo a las monedas fiduciarias tradicionales o si seguirán coexistiendo como una clase de activos alternativa.

CÓMO FUNCIONAN LAS CRIPTOMONEDAS

Las criptomonedas existen desde hace tiempo y mucha gente ha oído hablar de ellas, pero pocos entienden cómo funcionan. El funcionamiento interno de las criptodivisas puede parecer complejo al principio, pero una vez que se profundiza, es posible entender cómo funcionan. En esencia, las criptodivisas son monedas digitales que utilizan técnicas de cifrado para regular la creación de unidades monetarias y verificar la transferencia de fondos. En lugar de estar respaldadas por ningún activo físico, como el oro o la plata, se basan en un complejo sistema de algoritmos matemáticos. Esto crea un sistema descentralizado sin autoridad central, lo que hace casi imposible manipular o piratear el sistema. Cualquiera puede participar en el proceso de minería, que es la forma en que se generan nuevas unidades de moneda, siempre que disponga del hardware y el software necesarios. El proceso de creación de nuevas unidades de criptomoneda implica el uso de un algoritmo informático para resolver complejos problemas matemáticos. Esto se conoce como minería, y es un componente esencial del sistema de criptodivisas. Una vez que se resuelve un problema matemático, el minero que estaba trabajando en él es recompensado con un cierto número de unidades como compensación por su trabajo. Los mineros pueden entonces elegir conservar las unidades, intercambiarlas por otras criptomonedas o monedas fiduciarias, o utilizarlas para realizar compras en comercios que acepten la criptomoneda en cuestión. Esto significa que la oferta de criptodivisas está totalmente controlada por el algoritmo, y ningún factor externo puede afectar a la oferta del sistema.

Las criptomonedas utilizan un libro de contabilidad distribuido, también conocido como blockchain, para registrar todas las transacciones que han tenido lugar en la red. El libro de contabilidad es esencialmente una lista en continuo crecimiento de todas las transacciones que se han producido en la red. Cada bloque de la cadena contiene una lista de varias transacciones y está vinculado criptográficamente al bloque anterior de la cadena. Las transacciones son verificadas por otros participantes en la red, lo que dificulta que los malos actores manipulen el sistema. La cadena de bloques también ayuda a mantener el sistema transparente y seguro. Una de las características más atractivas de las criptomonedas es el anonimato que ofrecen a sus usuarios. Las criptomonedas utilizan técnicas criptográficas para asegurar las transacciones y controlar la creación de nuevas unidades. Esto permite a los usuarios permanecer en el anonimato y crea un sistema de confianza que no depende de una autoridad central. Este anonimato también ha propiciado el uso de las criptomonedas para el blanqueo de dinero, las transacciones en el mercado negro y otras actividades ilegales. Como resultado, los gobiernos de todo el mundo han estado explorando formas de regular las criptomonedas para evitar el abuso del sistema. A pesar de las dificultades que plantea el carácter anónimo de las criptomonedas, éstas pueden revolucionar la economía mundial. Las criptomonedas ofrecen una forma más rápida, barata y segura de transferir fondos a través de las fronteras que los sistemas bancarios tradicionales. Al no existir una autoridad implicada, las transacciones pueden procesarse a cualquier hora del día o de la noche, lo que las hace ideales para empresas que operan a escala mundial. La tecnología blockchain puede aplicarse a otros sectores además del financiero, como la sanidad, la verificación de identidad digital y la gestión de la cadena de suministro. El crecimiento del sector de las criptomonedas no ha pasado desapercibido para la industria financiera tradicional. Los bancos y otras instituciones financieras están empezando a explorar formas de integrar las criptomonedas en su infraestructura actual. Algunos bancos han empezado a ofrecer servicios de custodia de criptomonedas, lo que permite a sus clientes mantener criptomonedas junto con sus inversiones tradicionales. Otros están invirtiendo en blockchain para mejorar sus propios sistemas o explorando formas de ofrecer a sus clientes productos y servicios relacionados con las criptomonedas. Todo ello puede tender un puente entre el sector financiero tradicional y el mundo de las criptomonedas. Las criptomonedas han surgido como una solución potencial a muchos de los retos a los que se enfrenta la economía mundial. Los sistemas financieros tradicionales se enfrentan a numerosos problemas, como las elevadas comisiones por transacción, los lentos tiempos de procesamiento y la preocupación por la seguridad y la privacidad. Las criptomonedas ofrecen una solución a estos problemas al proporcionar transacciones más rápidas, baratas y seguras. Las criptomonedas pueden ayudar a resolver los problemas de inclusión financiera proporcionando servicios bancarios a poblaciones no bancarizadas de todo el mundo. Las criptomonedas representan un cambio significativo en nuestra forma de concebir la economía mundial. Ofrecen una forma descentralizada, segura y rápida de transferir valor a través de las fronteras y tienen el potencial de revolucionar nuestra forma de hacer negocios. Aunque la tecnología es todavía relativamente nueva y aún quedan retos por superar, está claro que las criptomonedas tienen el potencial de dar forma al futuro de las finanzas. A medida que el sector siga creciendo y madurando, cabe esperar que más instituciones financieras tradicionales adopten las criptomonedas y blockchain, lo que dará lugar a un sistema financiero más integrado que combine las ventajas de ambos mundos. El auge de las criptomonedas no es solo un avance tecnológico, sino un cambio fundamental en nuestra forma de concebir el papel del dinero y la economía en nuestras vidas.

CARACTERÍSTICAS PRINCIPALES DE LAS CRIPTOMONEDAS

Una de las características más significativas de las criptomonedas es su descentralización. A diferencia de las monedas tradicionales, controladas por gobiernos y bancos centrales, las criptomonedas operan con independencia de cualquier autoridad central. Esta descentralización se consigue mediante el uso de blockchain. Cada participante en la red tiene acceso al mismo libro de contabilidad, lo que hace casi imposible que una entidad manipule el sistema. Esta característica ha hecho populares a las criptomonedas entre quienes desconfían de las instituciones financieras y los gobiernos tradicionales o desean eludir sus normativas. La descentralización también permite realizar transacciones más rápidas y baratas, ya que se eliminan del proceso intermediarios como los bancos. Otra característica clave de las criptomonedas es su anonimato y privacidad. Las transacciones realizadas con criptomonedas suelen ser anónimas: se asocian a la dirección de un monedero digital y no a información personal. Aunque este anonimato ha atraído a quienes desean realizar actividades ilícitas en línea, como el blanqueo de dinero y la compra de productos ilegales, también ha atraído a usuarios preocupados por su propia privacidad y seguridad. Esta característica también ha dado lugar a criptomonedas centradas en la privacidad, como Monero, diseñadas específicamente para garantizar que las transacciones no puedan rastrearse hasta una persona. Una tercera característica importante de las criptomonedas es su oferta limitada y su naturaleza deflacionista. Muchas criptomonedas están diseñadas con una oferta finita, lo que significa que el número total de monedas o tokens que jamás existirá está predeterminado. Por ejemplo, Bitcoin tiene una oferta máxima de 21 millones, y ya se han acuñado casi 18,6 millones. Esta oferta limitada hace que las criptomonedas sean intrínsecamente deflacionistas, lo que significa que a medida que aumenta su demanda, es probable que aumente su valor. Esto contrasta con las monedas fiduciarias tradicionales, que a menudo están sujetas a la inflación debido a la continua impresión de dinero por parte de los bancos centrales. La escasez de criptomonedas también influye en su valor percibido, ya que los inversores las consideran un activo valioso debido a su oferta limitada. Una cuarta característica clave de las criptomonedas es su uso en aplicaciones descentralizadas (dApps). Una dApp es una aplicación construida sobre una cadena de bloques (blockchain) y que funciona sin necesidad de servidores centralizados.

Por ejemplo, la popular plataforma descentralizada Ethereum permite a los desarrolladores crear sus propias dApps utilizando su blockchain, y la moneda nativa de la plataforma es el Ether. La capacidad de utilizar criptomonedas como sistema de pago e incentivación ha llevado a su uso en el desarrollo de nuevas aplicaciones innovadoras, que potencialmente podrían perturbar las industrias tradicionales. Una quinta característica importante de las criptomonedas es su accesibilidad global. Las criptomonedas no están vinculadas a ningún país en particular, lo que significa que pueden utilizarse y aceptarse en todo el mundo. Esto las ha hecho especialmente atractivas para las empresas que operan a través de las fronteras y quieren evitar las tasas y regulaciones asociadas a las transacciones internacionales. Las criptomonedas pueden transferirse fácilmente entre particulares de todo el mundo, sin necesidad de intermediarios como los bancos. Esto ha llevado a su creciente uso en las remesas, que son la transferencia de dinero por particulares a sus familias en otros países. La aparición de las criptomonedas ha tenido un profundo impacto en la economía mundial. Aunque su futuro es aún incierto, muchos creen que tienen el potencial de cambiar radicalmente la forma de realizar transacciones e interactuar con el dinero. Las criptomonedas están descentralizadas, ofrecen anonimato y privacidad, tienen una oferta limitada y son deflacionarias, se utilizan en aplicaciones descentralizadas y son accesibles en todo el mundo. Estas características, junto con la creciente demanda de formas alternativas de moneda, han contribuido al auge de las criptomonedas como una fuerza importante en el mundo financiero. Su carácter no regulado también ha suscitado inquietud por su posible uso en actividades ilícitas, y los gobiernos de todo el mundo se están planteando cómo regularlas y controlarlas. El futuro de las criptomonedas dependerá de una compleja red de factores, como la innovación tecnológica, la regulación gubernamental y la percepción pública. Como hemos visto en los párrafos anteriores, las criptomonedas han surgido como una fuerza disruptiva en la economía mundial. Se basan en conceptos revolucionarios como blockchain, la descentralización y la criptografía. En poco más de una década, criptomonedas como Bitcoin, Ethereum y Ripple han desafiado al sistema financiero tradicional y han dado lugar a un nuevo paradigma de transacciones entre pares, contratos inteligentes y organizaciones autónomas descentralizadas (DAO). En la aparición de las criptomonedas han influido diversos factores, como la crisis financiera mundial de 2008, la desconfianza en las instituciones centralizadas y el deseo de libertad financiera y privacidad. Las criptomonedas han cambiado las reglas de la economía mundial de varias maneras. En primer lugar, las criptomonedas han introducido un nuevo modelo de confianza basado en la criptografía y los mecanismos de consenso. Han eliminado la necesidad de intermediarios como bancos, procesadores de pagos y reguladores gubernamentales. En su lugar, se basan en una red descentralizada de nodos que verifican las transacciones, mantienen la integridad de la cadena de bloques y aseguran la red mediante la minería o la estaca. Este modelo de confianza tiene varias ventajas sobre el modelo tradicional, como una mayor seguridad, transparencia y menores costes. Las criptomonedas han demostrado que es posible realizar transacciones financieras complejas sin necesidad de un tercero de confianza. Esto podría perturbar toda la industria financiera, que ha dependido de intermediarios durante siglos.

En segundo lugar, las criptomonedas han desafiado el monopolio de las monedas fiduciarias y los bancos centrales. Las monedas fiduciarias son emitidas por los gobiernos y no están respaldadas por ningún bien físico. Obtienen su valor de la confianza en el gobierno y la economía. Los bancos centrales son responsables de la política monetaria y la regulación del sistema bancario. Controlan la oferta monetaria, los tipos de interés y la inflación. Las criptomonedas proporcionan una alternativa a las monedas fiduciarias y ofrecen un depósito de valor descentralizado y no inflacionista. No están sujetas a la manipulación de los bancos centrales ni a las políticas gubernamentales. Las criptomonedas pueden utilizarse para transacciones transfronterizas, micropagos y remesas sin necesidad de intermediarios ni tipos de cambio. Esto podría reducir el coste y el tiempo de las transacciones internacionales y promover la inclusión financiera de la población no bancarizada. En tercer lugar, las criptomonedas han permitido nuevas formas de recaudación de fondos e inversión a través de ofertas iniciales de monedas (OIC), ofertas de tokens de seguridad (OST) y aplicaciones financieras descentralizadas (DeFi). Las OIC permitieron a las empresas emergentes recaudar millones de dólares en financiación mediante la emisión de tokens digitales que representan capital o utilidad en el proyecto. Las OSC son similares a las OIC, pero están reguladas como valores por la Securities and Exchange Commission (SEC). Las aplicaciones DeFi utilizan contratos inteligentes para automatizar transacciones financieras como préstamos, empréstitos y operaciones comerciales. Permiten a los usuarios acceder a servicios financieros sin necesidad de un banco o un intermediario. Estas nuevas formas de recaudación de fondos e inversión podrían perturbar el sector tradicional del capital riesgo y democratizar el acceso al capital para emprendedores e inversores. Las criptomonedas han suscitado debates y controversias sobre su situación legal y reglamentaria, su uso en actividades ilícitas como el blanqueo de dinero y la financiación del terrorismo, y su impacto en el medio ambiente. Las criptomonedas aún no están totalmente reguladas por la mayoría de los gobiernos, que tienen diferentes enfoques que van desde la prohibición total a la regulación amistosa. Las criptomonedas se asocian a menudo con actividades delictivas debido a su naturaleza anónima, que permite a los usuarios ocultar su identidad y sus transacciones. Las criptomonedas también pueden utilizarse con fines legítimos, como donaciones, obras benéficas y campañas políticas. Por tanto, los marcos jurídicos y reguladores de las criptomonedas deben encontrar un equilibrio entre la prevención de actividades ilícitas y el fomento de la innovación. La minería de criptomonedas requiere enormes cantidades de energía y potencia de cálculo, lo que puede tener un impacto medioambiental negativo. Algunas criptomonedas como Ethereum están pasando a un modelo de minería más sostenible denominado proof-of-stake, que se basa en validadores en lugar de mineros. Las criptomonedas han surgido como una fuerza disruptiva en la economía mundial al introducir nuevos conceptos de confianza, desafiar el monopolio de las monedas fiduciarias y los bancos centrales, permitir nuevas formas de recaudación de fondos e inversión, y suscitar debates sobre su estatus legal y regulador, su uso en actividades ilícitas y su impacto en el medio ambiente. Las criptomonedas tienen potencial para transformar el sector financiero y remodelar la economía mundial. También se enfrentan a varios retos y riesgos que deben ser abordados por la industria, los gobiernos y la sociedad en su conjunto. Las criptomonedas no son una panacea para todos los problemas del sistema financiero, pero sin duda son un catalizador para la innovación, la experimentación y la descentralización. El futuro de las criptomonedas en la economía mundial sigue siendo incierto, pero una cosa está clara: están aquí para quedarse y seguirán configurando nuestra forma de pensar sobre el dinero, la confianza y el poder.

IV. INFLUENCIA DE LAS CRIPTOMONEDAS

La aparición de las criptomonedas ha supuesto una fuerza disruptiva en la economía mundial. Las criptomonedas están cambiando la forma de pensar sobre el dinero y las finanzas, y desafían las estructuras tradicionales del sistema financiero. Ofrecen una alternativa descentralizada y entre iguales a la banca tradicional, y prometen democratizar las finanzas haciéndolas más accesibles al público en general. Pero su influencia va mucho más allá del ámbito de las finanzas. Las criptomonedas están teniendo un profundo impacto en toda una serie de cuestiones económicas y sociales, desde la distribución de la riqueza y el poder hasta la naturaleza del trabajo y el espíritu empresarial. Una de las formas en que las criptomonedas están cambiando las reglas de la economía mundial es creando nuevas formas de actividad económica. Las criptomonedas ofrecen a las personas un medio para crear e intercambiar valor sin depender de las instituciones financieras tradicionales o de la regulación gubernamental. Esto ha dado lugar a una proliferación de nuevos modelos de negocio, desde plataformas de crowdfunding a mercados descentralizados. Al reducir las barreras de entrada en estos mercados, las criptomonedas están democratizando el espíritu empresarial y fomentando la innovación. Otra forma en que las criptomonedas están cambiando la economía mundial es desafiando las estructuras de poder existentes. Las criptomonedas ofrecen a la gente una forma de eludir el control de las instituciones financieras y los gobiernos sobre el flujo de dinero. Esto tiene el potencial de alterar la dinámica de poder existente, dotando a los individuos y a las comunidades de una mayor capacidad de acción económica. Las criptomonedas también están cambiando la naturaleza del trabajo, al permitir que las personas participen en la economía sin depender de plataformas centralizadas como Uber o Airbnb. Esto tiene el potencial de desafiar los acuerdos laborales existentes y crear nuevas formas de empleo.

Las criptomonedas también están influyendo en la distribución de la riqueza y los ingresos. Al crear nuevas oportunidades de inversión y creación de riqueza, las criptomonedas están ampliando el abanico de personas que pueden beneficiarse de la economía mundial. También plantean el riesgo de exacerbar la desigualdad de ingresos, ya que los primeros en adoptarlas y aquellos con mayores recursos financieros pueden acumular riqueza más fácilmente. Esto subraya la necesidad de una regulación y supervisión cuidadosas de las criptomonedas, para garantizar que no exacerben las desigualdades existentes.

Uno de los principales retos a los que se enfrentan las criptomonedas es su falta de estabilidad y previsibilidad. La volatilidad de los precios de las criptomonedas ha suscitado dudas sobre su idoneidad como medio de cambio o depósito de valor. El reciente auge y posterior desplome del mercado de las criptomonedas sirve de advertencia sobre los peligros de la especulación y la necesidad de cautela a la hora de invertir en estos mercados. Algunos defensores sostienen que esta volatilidad no es más que un reflejo de la fase incipiente de las criptodivisas y que, a medida que el mercado madure, cabe esperar una mayor estabilidad. Las criptomonedas están cambiando nuestra forma de pensar sobre el dinero y las finanzas. Ofrecen una nueva perspectiva sobre la naturaleza del valor y cuestionan nuestros supuestos tradicionales sobre el papel del dinero en la economía. Al descentralizar las finanzas y crear nuevos modelos de actividad económica, las criptomonedas están abriendo nuevas formas de entender nuestra relación con el dinero y la economía. Esto tiene el potencial de desencadenar una conversación más amplia sobre el papel de las finanzas en la sociedad, y cómo podemos crear un sistema económico más equitativo y sostenible. La aparición de las criptomonedas es una importante fuerza disruptiva en la economía mundial. Ofrecen una poderosa alternativa a las finanzas tradicionales y están desafiando las estructuras de poder y los sistemas económicos existentes. Las criptomonedas están creando nuevas oportunidades para el emprendimiento y la innovación, y tienen el potencial de democratizar las finanzas y crear sistemas económicos más equitativos y sostenibles. También plantean retos importantes, como la inestabilidad, la volatilidad y el riesgo de exacerbar la desigualdad de ingresos. A medida que el mercado de las criptomonedas madure, será importante regular y supervisar cuidadosamente estos mercados, para garantizar que crean más oportunidades de crecimiento económico e inclusión social, en lugar de exacerbar las desigualdades existentes. La influencia de las criptomonedas dependerá de cómo las utilicemos y de cómo traduzcamos su potencial en efectos reales.

VENTAJAS DE LAS CRIPTOMONEDAS

Las ventajas de las criptomonedas incluyen una mayor seguridad y privacidad, menores comisiones por transacción y el potencial de un sistema financiero descentralizado. Las criptomonedas están protegidas mediante el uso de criptografía compleja, lo que las hace muy resistentes a los intentos de pirateo y robo. Las transacciones en blockchain son transparentes y fáciles de rastrear, lo que dificulta la participación de agentes maliciosos. Este mayor nivel de seguridad y privacidad es especialmente atractivo para quienes valoran su independencia financiera y desean preservar su anonimato al realizar transacciones financieras. Otra ventaja de las criptomonedas es que las comisiones por transacción son mucho más bajas que en los sistemas bancarios tradicionales. Los sistemas bancarios tradicionales pueden estar lastrados por elevadas comisiones de transacción, especialmente en el caso de las transacciones internacionales. Esto puede ser especialmente problemático para las personas en los países en desarrollo, donde una economía ya debilitada se debilita aún más por las costosas comisiones de transacción. La disponibilidad de criptomonedas como alternativa permite a las personas realizar transacciones a una fracción del coste, beneficiando a las personas que de otro modo habrían estado sujetas a tasas exorbitantes. La naturaleza descentralizada de las criptomonedas las libera de la interferencia de gobiernos e instituciones que pueden mantener elevadas comisiones por transacción. Las criptomonedas también tienen el potencial de revolucionar el sistema financiero mundial creando una economía descentralizada y democratizada. El uso de criptomonedas elimina la necesidad de terceros intermediarios financieros, como bancos, compañías de tarjetas de crédito y otras instituciones financieras. Esto significa que las personas que utilizan criptodivisas tienen un control total sobre su dinero y no tienen que depender de ninguna entidad centralizada para facilitar sus transacciones. Por ejemplo, el uso de criptomonedas no requiere identificación expedida por el gobierno, lo que las hace accesibles a personas que no tienen una cuenta bancaria tradicional o no pueden obtener documentos de identificación. Este sistema proporciona acceso a los servicios financieros a muchas personas no bancarizadas o infrabancarizadas, fomentando la inclusión económica y mejorando el acceso financiero de las comunidades marginadas. La tecnología de cadena de bloques de las criptomonedas permite un registro seguro, transparente y libre de manipulaciones, garantizando la existencia de un registro digital permanente e inmutable de las transacciones. El modelo de libro de contabilidad distribuido de la cadena de bloques registra cada transacción a través de una red de nodos descentralizados, garantizando que la información esté disponible públicamente y sea resistente a cualquier intento de manipulación. Esta tecnología puede aplicarse a muchos sectores diferentes, desde la gestión de la cadena de suministro a los sistemas de votación, y puede conducir a entornos transaccionales más seguros y transparentes. Otra ventaja de las criptomonedas es que son muy resistentes a la inflación. Debido a la oferta limitada de muchas criptodivisas, a su escasez y a los mecanismos que existen para regular su viabilidad son inmunes a las manipulaciones y presiones inflacionistas que pueden afectar a las monedas fiduciarias tradicionales. El valor de la mayoría de las criptomonedas no está vinculado a una materia prima volátil, como el oro o el petróleo, que puede estar sujeta a importantes fluctuaciones de precios debido a factores externos. Esta característica también convierte a las criptomonedas en una clase de activos potencialmente atractiva para inversores y operadores.

Otra ventaja de las criptomonedas es su potencial para facilitar las transacciones transfronterizas. Transferir dinero a través de las fronteras puede ser un proceso difícil y costoso, que a menudo implica complejos trámites y comisiones. Las criptomonedas pueden ofrecer una solución más sencilla, rápida y barata a estos problemas, especialmente para quienes no tienen fácil acceso a los sistemas bancarios tradicionales. La naturaleza digital de las criptomonedas hace posible que se transfieran sin problemas y de forma instantánea, eliminando los retrasos y las comisiones asociadas a los sistemas de pago tradicionales. Las criptomonedas también proporcionan una mayor soberanía financiera a individuos y comunidades. La aparición de las criptomonedas ha creado un sistema financiero descentralizado, que promueve la autonomía financiera y elimina la necesidad de que las autoridades centralizadas gestionen las transacciones financieras. Esto permite a las personas tener un mayor control sobre sus fondos, evitando las limitaciones y restricciones impuestas por las políticas monetarias y las instituciones financieras. Las criptomonedas están transformando la economía mundial y el panorama financiero de muchas maneras significativas. Ofrecen ventajas como una mayor seguridad, menores comisiones por transacción, democratización, transparencia y compatibilidad transfronteriza. Aunque la adopción generalizada de las criptodivisas sigue presentando retos y limitaciones, sus numerosas ventajas las convierten en una clase de activos valiosa y potencialmente transformadora que no debe pasarse por alto. A medida que evolucione el papel de las criptomonedas en la economía mundial, será interesante ver cómo siguen cambiando las reglas de las finanzas y abriendo nuevas posibilidades de intercambio económico en todo el mundo.

INFLUENCIA DE LAS CRIPTOMONEDAS EN LA ECONOMÍA

A medida que las criptomonedas siguen ganando popularidad, están teniendo un impacto significativo en la economía mundial. Una de las influencias más significativas es en el sistema financiero tradicional, que está siendo perturbado por la tecnología blockchain y las monedas descentralizadas. Las criptomonedas han eliminado la necesidad de bancos centrales, haciendo que el sistema sea más transparente y seguro. Esto ha dado lugar a una mayor confianza entre particulares y empresas, y a un aumento de la confianza en el sistema financiero. Como resultado, las criptomonedas tienen el potencial de desafiar el sistema financiero existente y remodelar la forma en que se intercambia el dinero. Una de las principales ventajas de las criptomonedas es su capacidad para aumentar la inclusión financiera. Esto se debe a que las criptomonedas son independientes de los sistemas bancarios tradicionales y se puede acceder a ellas desde cualquier lugar del mundo. Para muchas personas de todo el mundo que no tienen acceso a los servicios bancarios, esto podría suponer un gran avance, ya que les permitiría participar en la economía mundial. Las criptomonedas pueden reducir el coste de los servicios financieros, lo que podría repercutir en la reducción de la pobreza en los países en desarrollo. Esto se debe a que pueden eliminar intermediarios, como bancos e instituciones financieras, que a menudo se asocian con elevadas comisiones y gastos, por lo que no son accesibles para todos. Otra forma en que las criptomonedas están cambiando las reglas de la economía mundial es a través de su capacidad para proporcionar una plataforma para las transacciones descentralizadas y entre iguales. Al hacerlo, están reduciendo el poder de las instituciones financieras tradicionales, que durante mucho tiempo han sido los guardianes de la economía mundial. Este cambio está permitiendo a las personas intercambiar bienes y servicios entre sí directamente, sin necesidad de intermediarios. Esto significa que los particulares y las empresas pueden realizar transacciones de forma más eficiente, con menos retrasos y a menor coste. Las criptomonedas han permitido a los usuarios acceder a un mayor nivel de anonimato financiero y privacidad. Esto es especialmente relevante para las muchas personas preocupadas por la vigilancia gubernamental o las violaciones de la privacidad. Como tales, las criptomonedas proporcionan una forma alternativa de almacenar e intercambiar valor sin necesidad de supervisión gubernamental. Este mayor nivel de privacidad también podría tener implicaciones más amplias para la libertad de expresión. La introducción de las criptomonedas también ha creado nuevas oportunidades para empresas e inversores. Estas oportunidades van desde la aceptación de pagos en criptomoneda hasta su uso como instrumento especulativo. Con las criptomonedas, los particulares y las empresas disponen de una nueva forma de almacenar valor y realizar transacciones que no depende de los bancos u otras instituciones financieras. Las criptodivisas también ofrecen una nueva forma de inversión, ya que el mercado de criptodivisas ofrece un alto potencial de rentabilidad. La posibilidad de exponerse a las criptomonedas suele obtenerse a través de las bolsas de criptomonedas, que funcionan de forma similar a las bolsas de valores tradicionales. Los inversores se sienten atraídos por las criptomonedas debido a su potencial para obtener grandes beneficios; sin embargo, esto también ha provocado un aumento de los casos de fraude y especulación en el mercado de las criptomonedas. Otra gran ventaja de las criptomonedas es su capacidad para permitir transferencias internacionales más rápidas y baratas. Las criptomonedas tienen el potencial de revolucionar las transacciones transfronterizas, ya que pueden reducir la necesidad de intermediarios de divisas. Esto significa que los pagos pueden realizarse de forma rápida y rentable, sin necesidad de una infraestructura bancaria compleja ni de múltiples conversiones de divisas. Las criptomonedas también permiten transferir grandes cantidades de dinero sin necesidad de transporte físico, lo que las convierte en una forma viable para que las empresas transfieran fondos a nivel mundial.

También existen riesgos asociados a las criptomonedas. Uno de ellos es el potencial de fraude y piratería, ya que las criptomonedas se almacenan en carteras digitales que pueden ser vulnerables a ataques. Esto ha dado lugar a una serie de incidentes muy sonados en los que se han robado grandes cantidades de criptomonedas. La falta de regulación en torno a las criptomonedas ha dado lugar a la proliferación de estafas y esquemas fraudulentos, en los que los inversores se ven atraídos a invertir en criptomonedas con exageraciones. También preocupa el impacto medioambiental de las criptomonedas, ya que el proceso de minería utilizado para crear nuevas monedas requiere grandes cantidades de energía. A pesar de estos riesgos, está claro que las criptomonedas están teniendo un impacto significativo en la economía mundial, y es probable que sigan teniéndolo en el futuro. A medida que se adoptan y aceptan más ampliamente, las criptomonedas tienen el potencial de transformar la forma en que pensamos sobre el dinero y el valor. Ofrecen nuevas oportunidades para la inclusión financiera y la innovación, al tiempo que plantean nuevos retos para los gobiernos, los reguladores y las empresas. Está claro que la aparición de las criptomonedas seguirá siendo un tema de interés y debate en los próximos años.

IMPACTO DE LAS CRIPTOMONEDAS EN LA NORMATIVA FINANCIERA

La aparición de las criptomonedas ha planteado importantes retos a los reguladores financieros, ya que estos activos digitales no encajan perfectamente en las definiciones tradicionales de dinero o activos. La naturaleza descentralizada de las criptomonedas ha permitido un nivel de anonimato y autonomía sin precedentes en el mundo financiero. Si bien esto ha sido una bendición para los defensores de las criptomonedas, ha creado un quebradero de cabeza a los reguladores que tratan de garantizar la integridad de los mercados financieros. El impacto de las criptomonedas en la normativa financiera se ha dejado sentir de diversas maneras, con la elaboración de nuevas normas para hacer frente a los retos que plantean estos activos digitales. Uno de los efectos más significativos de las criptomonedas en la normativa financiera se ha producido en el ámbito del blanqueo de capitales y la financiación del terrorismo. El anonimato de las criptomonedas las ha hecho atractivas para individuos y organizaciones que buscan mover dinero ilícitamente. Como resultado, los reguladores han tenido que desarrollar nuevos marcos para supervisar las transacciones y prevenir el abuso de estos activos. Un enfoque que ha ganado terreno es la normativa "Conozca a su cliente" (KYC, por sus siglas en inglés), que exige a las bolsas recopilar información sobre sus usuarios y notificar las transacciones sospechosas a las autoridades. Los reguladores también han puesto en marcha normas contra el blanqueo de capitales y la financiación del terrorismo, diseñadas para impedir el uso de criptomonedas para actividades ilegales. Otro ámbito en el que las criptomonedas han tenido un impacto significativo en la normativa financiera es el de la fiscalidad. La naturaleza descentralizada de las criptomonedas ha dificultado a las autoridades fiscales el seguimiento y la regulación de las transacciones. Esto ha generado confusión e incertidumbre en muchas jurisdicciones, ya que los reguladores luchan por determinar cómo deben tratarse las criptomonedas a efectos fiscales. Algunos países han adoptado un enfoque más proactivo, con el IRS en los EE.UU. publicando directrices en 2014 sobre el tratamiento fiscal de las criptomonedas. Otros países todavía están lidiando con la forma de clasificar las criptomonedas y cómo gravarlas eficazmente. Las criptomonedas también han repercutido en el panorama normativo de las instituciones financieras. La aparición de las criptomonedas ha supuesto un reto para los bancos tradicionales, que ahora se enfrentan a la competencia de nuevos participantes en el ámbito de los servicios financieros. Esto ha presionado a los reguladores para que garanticen la igualdad de condiciones y eviten comportamientos contrarios a la competencia. Algunas jurisdicciones han respondido imponiendo regulaciones adicionales a los intercambios de criptomonedas, mientras que otras han adoptado un enfoque más indulgente y han tratado de fomentar la innovación en el sector. Tal vez el impacto más significativo de las criptomonedas en la normativa financiera se haya producido en términos de desarrollo de nuevas tecnologías. La aparición de la tecnología blockchain, que sustenta muchas criptomonedas, tiene el potencial de revolucionar los mercados financieros. Permite realizar transacciones seguras y transparentes sin necesidad de un intermediario centralizado. Esto tiene el potencial de reducir el coste y la complejidad de las transacciones financieras, al tiempo que aumenta la transparencia y la seguridad. La adopción de la tecnología blockchain se encuentra todavía en sus primeras fases, y es probable que los reguladores se enfrenten a importantes retos a la hora de garantizar la integridad de los sistemas financieros descentralizados. La aparición de las criptomonedas ha tenido un impacto significativo en la normativa financiera. La naturaleza descentralizada de estos activos digitales ha dificultado a los reguladores el control de las transacciones y la prevención de abusos. Como resultado, se han desarrollado nuevas normativas para abordar los retos que plantean las criptomonedas, incluidos los marcos CSC, ALD y FTL. Las criptomonedas también han puesto en jaque a los bancos e instituciones financieras tradicionales, lo que ha llevado a reclamar unas condiciones más equitativas. El desarrollo de la tecnología blockchain, en la que se basan muchas criptomonedas, tiene el potencial de revolucionar los mercados financieros, pero también presenta importantes retos para los reguladores. A medida que se generalice el uso de las criptomonedas, es probable que la normativa financiera siga evolucionando en respuesta a estos avances. Las criptomonedas han surgido como un actor importante en la economía mundial, alterando la forma tradicional de realizar transacciones financieras. El auge de criptomonedas como Bitcoin, Ethereum y Ripple se debe a la tecnología de cadena de bloques subyacente, que permite la descentralización, la transparencia y la seguridad de las transacciones financieras. Esto ha tenido un gran impacto en la forma en que vemos y realizamos las transacciones, ofreciendo a las personas un mayor control sobre sus activos y reduciendo la necesidad de intermediarios como bancos e instituciones financieras. La aparición de las criptomonedas no ha estado exenta de desafíos, y cuestiones como la regulación, la volatilidad y la seguridad siguen siendo preocupaciones clave tanto para los inversores como para las empresas. Una de las formas más significativas en que las criptomonedas están cambiando las reglas de la economía mundial es ofreciendo a los particulares una mayor inclusión financiera y control sobre sus activos. Las criptomonedas permiten a los particulares eludir las instituciones financieras tradicionales y realizar transacciones directamente entre sí, utilizando un sistema de libro mayor descentralizado que garantiza la transparencia y la seguridad. Esto atrae a quienes desconfían de la naturaleza centralizada del sistema bancario tradicional, o a quienes no tienen acceso a los servicios financieros tradicionales debido a barreras geográficas o socioeconómicas. El uso de criptomonedas permite a los particulares participar en la economía mundial de una forma que antes era imposible, dándoles mayor autonomía económica y control sobre sus activos. Por otra parte, el auge de las criptomonedas también ha hecho que se preste más atención a la tecnología de cadena de bloques subyacente. La tecnología blockchain es una base de datos descentralizada que permite la transferencia segura de activos digitales sin necesidad de intermediarios. Esta tecnología tiene el potencial de trastornar no sólo el sector financiero, sino varias otras industrias, como la sanidad, la gestión de la cadena de suministro e incluso los sistemas de votación. El uso de la tecnología blockchain en estos sectores podría conducir a una mayor transparencia, eficiencia y seguridad, revolucionando la forma de hacer negocios. El impacto de la tecnología blockchain podría ser tan significativo que algunos incluso han sugerido que podría conducir a la creación de una nueva Internet, donde los datos y los activos digitales se almacenen y transfieran de forma segura y transparente. La aparición de las criptomonedas no ha estado exenta de dificultades. Una de las principales preocupaciones tanto de los inversores como de las empresas es la cuestión de la regulación. La naturaleza descentralizada de las criptomonedas significa que no están sujetas a las mismas normas que las instituciones financieras tradicionales, lo que ha suscitado preocupación por su posible uso para actividades ilegales como el blanqueo de dinero, la financiación del terrorismo y la evasión fiscal. Gobiernos y organismos reguladores de todo el mundo están debatiendo cuál es la mejor manera de regular las criptomonedas: algunos países las prohíben por completo, mientras que otros intentan desarrollar normativas que logren un equilibrio entre la protección de los inversores y los consumidores, al tiempo que permiten las innovaciones en el sector. Otro reto que plantean las criptomonedas es su volatilidad. Las criptomonedas son notoriamente volátiles, y su valor fluctúa significativamente en cortos periodos de tiempo. Esto dificulta que las empresas las acepten como medio de pago, ya que el valor de la moneda podría caer significativamente antes de que la empresa tenga la oportunidad de convertirla en una moneda más estable. También dificulta que los inversores sepan cuándo comprar o vender, lo que hace temer la manipulación del mercado y la especulación. La volatilidad de las criptomonedas es una preocupación importante para la economía mundial, y algunos expertos han sugerido que el mercado se encuentra en una burbuja de criptomonedas que podría estallar en cualquier momento, provocando pérdidas significativas para los inversores y las empresas. La seguridad de las criptomonedas es otra preocupación clave. A pesar de la transparencia y la seguridad que ofrece la tecnología blockchain, cuestiones como la piratería y el robo de carteras digitales siguen siendo riesgos importantes tanto para los inversores como para las empresas. La falta de regulación significa que no hay supervisión para garantizar que los intercambios y las carteras digitales sean seguros, dejando en manos de los inversores la responsabilidad de tomar precauciones para proteger sus activos. Esta falta de seguridad podría disuadir a empresas e inversores de entrar en el mercado de las criptomonedas, limitando su impacto potencial en la economía mundial. La aparición de las criptomonedas ha trastornado las formas tradicionales de realizar transacciones financieras, ofreciendo a los particulares un mayor control sobre sus activos y reduciendo la necesidad de intermediarios. La tecnología blockchain subyacente también tiene potencial para revolucionar otros sectores. Los retos que plantean las criptomonedas, como la regulación, la volatilidad y la seguridad, siguen siendo obstáculos importantes para su adopción generalizada y su integración en la economía mundial. Los gobiernos, los organismos reguladores y las empresas deben desarrollar estrategias para superar estos retos, garantizando al mismo tiempo que no ahogan la innovación ni excluyen a quienes actualmente están desatendidos por el sistema financiero tradicional. El éxito de la integración de las criptomonedas y la tecnología blockchain en la economía mundial podría tener importantes beneficios, lo que llevaría a una mayor inclusión financiera, transparencia, eficiencia y seguridad, pero esto requerirá una cuidadosa gestión y coordinación para garantizar que se aproveche su potencial.

V. LAS CAMBIANTES REGLAS DEL JUEGO ECONÓMICO

La aparición de las criptomonedas ha supuesto un cambio significativo en el juego económico, desafiando las nociones tradicionales de moneda, valor y regulación. En primer lugar, estas monedas digitales descentralizadas operan al margen del sistema financiero tradicional, sin que ninguna autoridad ni banco central controle su emisión o distribución. Esto ha dado lugar a una red de transacciones entre iguales, eliminando la necesidad de intermediarios como bancos o procesadores de pagos. Como resultado, las criptomonedas ofrecen transacciones más rápidas, baratas y seguras, sin restricciones geográficas ni temporales. En segundo lugar, el valor de las criptomonedas no viene determinado por ningún activo físico o indicador económico, sino por la oferta y la demanda del mercado. En consecuencia, su valor está sujeto a una gran volatilidad, lo que las hace atractivas para los inversores que buscan altos rendimientos, pero también aumenta el riesgo de manipulación de precios y fraude. A pesar de estos retos, las criptomonedas se han convertido en un actor importante de la economía mundial, con una capitalización de mercado estimada en más de 2 billones de dólares. Su potencial para perturbar los sectores establecidos y desafiar los marcos reguladores vigentes ha suscitado tanto apoyos como críticas. Sus defensores las ven como vehículos para la libertad financiera y la innovación, mientras que sus detractores las consideran una amenaza para la estabilidad financiera y un vehículo para actividades ilegales. Los cambios en las reglas del juego económico provocados por las criptomonedas son múltiples y significativos. Un cambio significativo provocado por las criptomonedas es la evolución del sistema de pagos, que da paso a una nueva era de finanzas digitales. La naturaleza descentralizada de las criptomonedas elimina la necesidad de intermediarios de confianza, como bancos o procesadores de pagos. Las transacciones de criptomonedas se realizan ahora directamente entre dos partes, gracias a la tecnología blockchain. Ofrece un mecanismo sólido para completar las transacciones sin necesidad de intermediarios. Por el contrario, los sistemas de pago tradicionales dependen de terceros de confianza, lo que puede crear ineficiencias, retrasos, costes elevados e incoherencias. A medida que los sistemas de pago tradicionales pierden su predominio, las criptomonedas impulsan la adopción de las finanzas digitales, transformando la forma en que las personas realizan transacciones e interactúan con su dinero. Otro cambio significativo introducido por las criptomonedas es la democratización del acceso a la financiación. El sistema financiero tradicional ha sido criticado por excluir de los servicios financieros a las comunidades desatendidas, especialmente en los países en desarrollo. Las criptomonedas ofrecen una alternativa a la banca tradicional que puede facilitar la inclusión financiera. Al permitir transacciones más rápidas y baratas, las criptomonedas eliminan muchas de las barreras que limitan el acceso a los servicios financieros. Al no existir una autoridad centralizada que controle la emisión o distribución de criptomonedas, cualquiera puede participar en la red, independientemente de su ubicación o situación económica. Las criptomonedas ofrecen el potencial de capacitar a los no bancarizados y aumentar la inclusión financiera, creando así una economía mundial más integradora. La aparición de las criptomonedas tiene importantes implicaciones para la política monetaria y la regulación. Tradicionalmente, los bancos centrales han tenido la responsabilidad de gestionar la oferta monetaria y garantizar la estabilidad de precios. Las criptomonedas desafían este papel tradicional al eludir la necesidad de los bancos centrales. A medida que las criptomonedas ganan protagonismo, las divisas tradicionales podrían enfrentarse a un aumento de los riesgos. Las criptomonedas pueden socavar las políticas monetarias existentes, ya que no están sujetas a los mismos mecanismos de control que las monedas fiduciarias. Esto ha causado preocupación entre los reguladores, que temen que las criptomonedas puedan causar inestabilidad financiera. También existe el riesgo de que las criptomonedas se utilicen para actividades ilegales, ya que pueden facilitar las transacciones sin dejar un rastro de papel. Estos retos ponen de relieve la necesidad de nuevos marcos reguladores que puedan equilibrar las oportunidades que presentan las criptomonedas con los riesgos que plantean para la economía mundial. La aparición de las criptomonedas ha puesto en tela de juicio las nociones tradicionales de moneda, valor y regulación y ha dado paso a una nueva era de las finanzas. La naturaleza descentralizada de las criptomonedas, su potencial para la inclusión financiera y las posibilidades transformadoras de la tecnología blockchain apuntan a cambios significativos en el juego económico. La elevada volatilidad de las criptomonedas, su susceptibilidad al fraude y a la manipulación de precios, y el potencial de actividades ilegales ponen de relieve la necesidad de equilibrar estos cambios con normativas que garanticen la estabilidad de la economía mundial. Los marcos reguladores deben evolucionar para reflejar las realidades cambiantes del panorama económico mundial, teniendo en cuenta las oportunidades y los riesgos que presentan las criptomonedas y otras tecnologías emergentes. Sólo entonces podrá aprovecharse el verdadero potencial de las criptomonedas para crear una economía mundial más inclusiva, transparente y estable.

REVOLUCIONAR EL SISTEMA FINANCIERO

Revolucionar el sistema financiero es uno de los aspectos más apasionantes y transformadores de las criptomonedas. Están transformando la forma de pensar sobre la moneda, la política monetaria y el papel de los bancos centrales. Y lo que es más importante, las criptomonedas tienen el potencial de crear una sociedad más equitativa. La clave para entender esta transformación es ver las criptomonedas como algo más que un nuevo tipo de moneda. Son un nuevo tipo de tecnología que permite a las personas transferir valor directamente, sin necesidad de intermediarios como los bancos. Esto permite una mayor autonomía financiera para los individuos y las comunidades, y también puede reducir los riesgos sistémicos que surgen cuando los bancos se vuelven demasiado grandes para quebrar. Una de las ventajas más significativas de las criptomonedas es que pueden facilitar la inclusión financiera. Los sistemas bancarios tradicionales suelen excluir a amplios segmentos de la población del acceso a los servicios financieros. Esto incluye a las personas que viven en la pobreza, las que viven en zonas rurales y las que carecen de identificación formal.

Las criptomonedas pueden ayudar a superar estas barreras al ofrecer una alternativa digital a la banca tradicional que no requiere identificación ni historial crediticio. Esto puede ser especialmente importante para los habitantes de los países en desarrollo, donde el acceso a los servicios financieros puede ser limitado. Al permitir a las personas realizar transacciones sin depender de los bancos, las criptomonedas pueden proporcionar un salvavidas a las personas no bancarizadas o infrabancarizadas, mejorando la estabilidad financiera y ampliando las oportunidades económicas. Otra ventaja clave de las criptomonedas es su capacidad para reducir los costes de transacción y la fricción. Transferir dinero internacionalmente puede ser lento, caro y arriesgado, y puede implicar a múltiples intermediarios, cada uno de los cuales se lleva una parte de la transacción. Las criptomonedas pueden eludir por completo los sistemas bancarios tradicionales, permitiendo a la gente enviar dinero a través de las fronteras en cuestión de segundos, con comisiones mínimas. Esto puede ser especialmente valioso para los trabajadores migrantes que necesitan enviar dinero a sus familias, pero que a menudo se ven obligados a utilizar servicios de transferencia de dinero caros y poco fiables. Las criptomonedas también pueden permitir micropagos y nuevos modelos de negocio que antes eran imposibles debido a los elevados costes de transacción. La naturaleza descentralizada de las criptomonedas también tiene importantes implicaciones para la política monetaria y la banca central. En un sistema monetario tradicional, los bancos centrales tienen potestad para regular la oferta monetaria, controlar los tipos de interés e intervenir en los mercados financieros para gestionar la estabilidad económica. Este sistema es a menudo criticado por ser opaco, ineficaz y propenso a la interferencia política. Las criptomonedas, por el contrario, están descentralizadas y se rigen por reglas consensuadas que son transparentes y visibles públicamente. Esto significa que las decisiones de política monetaria son tomadas por la comunidad en su conjunto, en lugar de por un pequeño grupo de élites. También significa que la política monetaria no está sujeta a influencias políticas, lo que la hace más fiable y predecible. La aparición de las criptomonedas también plantea importantes cuestiones sobre el papel de los bancos centrales en la economía mundial. Durante mucho tiempo se ha considerado a los bancos centrales como los guardianes de la estabilidad financiera, responsables de gestionar la inflación, controlar los tipos de interés y estabilizar el sistema bancario. El auge de las criptomonedas desafía esta visión tradicional al ofrecer un nuevo modelo descentralizado de política monetaria y regulación financiera. Esto ha llevado a algunos estudiosos a argumentar que los bancos centrales pueden quedar obsoletos en un mundo dominado por las criptomonedas, mientras que otros creen que los bancos centrales se adaptarán e incorporarán las criptomonedas a sus sistemas actuales. A pesar de los muchos beneficios potenciales de las criptomonedas, también existen riesgos y retos asociados a su uso. Uno de los más importantes es el potencial de fraude, estafa y ciberataque. Las criptomonedas siguen siendo una tecnología relativamente nueva y no probada, y se han producido numerosos casos de hackeos y robos en bolsas y carteras de criptomonedas. También existe el riesgo de que las criptomonedas se utilicen para facilitar actividades ilícitas como el blanqueo de capitales o la evasión fiscal, lo que podría socavar su legitimidad y dar lugar a medidas reguladoras enérgicas. Otro problema asociado a las criptomonedas es su volatilidad y falta de liquidez. El valor de las criptomonedas puede fluctuar enormemente en cortos periodos de tiempo, y a menudo la liquidez de los mercados es limitada. Esto puede dificultar el uso de las criptomonedas como depósito de valor o medio de cambio fiable, sobre todo en ausencia de stablecoins u otras criptomonedas diseñadas para ser menos volátiles. La aparición de las criptomonedas tiene el potencial de revolucionar la economía mundial y transformar la forma en que la gente piensa sobre el dinero, las finanzas y la banca central. Las criptomonedas ofrecen un nuevo modelo descentralizado de política monetaria y regulación financiera más transparente, equitativo e integrador. También pueden reducir los costes de transacción y la fricción, ampliar las oportunidades económicas y proporcionar autonomía financiera a las personas y las comunidades. También existen riesgos y retos asociados a las criptomonedas, como el potencial de fraude y ciberataques, la volatilidad y la falta de liquidez. A medida que las criptomonedas sigan evolucionando y madurando, será crucial para los responsables políticos equilibrar sus beneficios potenciales con la necesidad de gestionar los riesgos y garantizar la estabilidad del sistema financiero mundial.

DESAFIAR LOS MODOS TRADICIONALES DE TRANSACCIONES FINANCIERAS

Una forma significativa en que las criptomonedas están cambiando las reglas de la economía mundial es desafiando los modos tradicionales de transacciones financieras. El sistema bancario tradicional siempre ha sido el principal medio de intercambio financiero, en el que los bancos actúan como intermediarios para la transferencia de fondos entre las partes. Las criptomonedas tienen el potencial de alterar este modelo proporcionando una forma alternativa de facilitar las transacciones sin necesidad de intermediarios centralizados.

Una característica clave de las criptomonedas es que operan en una red descentralizada, en la que las transacciones son validadas y registradas por múltiples partes, como los nodos de una red blockchain. Esto significa que no hay necesidad de un intermediario central para validar y facilitar las transacciones. En su lugar, la propia red actúa como intermediario, proporcionando una forma más eficiente y rentable de transferir dinero. Las criptomonedas ofrecen mayor transparencia y responsabilidad que los sistemas financieros tradicionales. Dado que las transacciones se registran en el libro de contabilidad público, son visibles para todos los participantes en la red, lo que dificulta el fraude o la corrupción. Al mismo tiempo, el uso de algoritmos criptográficos garantiza la autenticidad e integridad de las transacciones, reforzando aún más la seguridad y fiabilidad de las criptomonedas. Dadas estas ventajas, no es de extrañar que las criptomonedas estén ganando terreno en varios mercados, como el comercio electrónico, las remesas y los préstamos entre particulares. Por ejemplo, plataformas de comercio electrónico como Shopify han integrado las criptomonedas como opción de pago, permitiendo a los clientes realizar compras utilizando criptomonedas como Bitcoin. Del mismo modo, empresas de remesas como TransferWise han comenzado a explorar el uso de criptomonedas como una forma de reducir las altas comisiones y los largos tiempos de procesamiento asociados con los servicios de remesas tradicionales. Las criptomonedas también están ofreciendo nuevas oportunidades para los préstamos entre iguales, permitiendo a prestatarios y prestamistas conectarse directamente sin necesidad de instituciones financieras tradicionales. Este nuevo modelo tiene el potencial de evitar muchas de las barreras a las que se enfrentan los prestatarios en los sistemas de préstamo tradicionales, como los elevados tipos de interés, los largos plazos de tramitación y los estrictos requisitos de crédito. El auge de las criptomonedas no está exento de dificultades. Un obstáculo importante es la falta de supervisión reglamentaria, que ha creado incertidumbres en torno a cuestiones como la fiscalidad, el blanqueo de dinero y la protección de los consumidores. Sin directrices claras, las criptomonedas pueden convertirse en refugio de actividades ilegales, como el blanqueo de dinero y el fraude, lo que también puede socavar su credibilidad y legitimidad como alternativa viable a los sistemas financieros tradicionales. Otro problema es la escalabilidad de las criptomonedas, actualmente limitada por su dependencia de la tecnología blockchain. Aunque el uso de la tecnología blockchain garantiza la autenticidad y seguridad de las transacciones, también crea un cuello de botella en términos de velocidad y volumen de las transacciones. La actual infraestructura de blockchain sólo puede gestionar un número limitado de transacciones por segundo, lo que puede limitar su capacidad para sustituir a los sistemas financieros tradicionales a corto plazo. Los avances actuales en blockchain sugieren que estos problemas de escalabilidad podrían resolverse en el futuro. Por ejemplo, se están desarrollando soluciones de capa dos, como la Lightning Network, para mejorar la velocidad y escalabilidad de las transacciones de blockchain, haciendo que las criptomonedas sean más prácticas en escenarios del mundo real. Las criptomonedas están transformando las reglas de la economía mundial al ofrecer un nuevo modelo de transacciones financieras que desafía al sistema bancario tradicional. La naturaleza descentralizada de las criptomonedas, combinada con su transparencia y seguridad, ofrece una forma más eficiente y rentable de transferir dinero. La aparición de las criptomonedas en el comercio electrónico, las remesas y los préstamos entre iguales ya ha demostrado el potencial de estas divisas digitales para perturbar los sistemas financieros tradicionales. A pesar de los retos actuales que plantean la falta de supervisión reguladora y los problemas de escalabilidad, el desarrollo en curso de la tecnología blockchain sugiere que estos obstáculos pueden abordarse en el futuro. Así pues, cada vez está más claro que las criptomonedas no son una moda pasajera, sino una fuerza significativa y transformadora de la economía mundial.

EL PAPEL DE LOS BANCOS CENTRALES

Una de las implicaciones más inmediatas y significativas de la aparición de las criptomonedas es su impacto en los bancos centrales. Históricamente, los bancos centrales han sido la autoridad de confianza responsable de regular la oferta monetaria, gestionar la circulación de la moneda y estabilizar la economía controlando los tipos de interés. Las criptomonedas obvian la necesidad de que los bancos centrales actúen como intermediarios en las transacciones y alteran la demanda tradicional de monedas fiduciarias. Como resultado, los bancos centrales pueden perder su monopolio sobre la emisión de moneda y su papel como principal regulador del sistema financiero. Las criptomonedas han surgido recientemente como alternativa a los sistemas bancarios tradicionales y a las instituciones financieras centralizadas. La naturaleza descentralizada y de código abierto de las criptomonedas permite que las transacciones se realicen sin intermediarios, lo que reduce drásticamente los costes y el tiempo que conllevan los pagos transfronterizos. Los sistemas bancarios tradicionales requieren la participación de intermediarios como bancos centrales y otras instituciones financieras para facilitar las transacciones, lo que a menudo puede dar lugar a retrasos, comisiones y riesgos de fraude o piratería informática. Las criptomonedas, en cambio, ofrecen una alternativa más segura y transparente, que está ganando adeptos entre los usuarios de todo el mundo. La descentralización de los sistemas financieros también plantea varios riesgos para los bancos centrales. La emergencia de las criptomonedas puede debilitar la influencia de los bancos centrales en el control de la oferta monetaria y las políticas macroeconómicas de sus respectivos países. Al no estar respaldadas por ningún gobierno, las criptodivisas no están sujetas a las normas y reglamentos impuestos por las autoridades, lo que puede dar lugar a importantes desequilibrios económicos y a una posible inestabilidad financiera. La creciente popularidad de las criptodivisas puede provocar una erosión de la demanda de divisas tradicionales, especialmente en las economías emergentes y en los países con altas tasas de inflación. Esta demanda de criptodivisas puede impulsar aún más el papel de los bancos centrales en la protección del valor de sus monedas nacionales, lo que podría dar lugar a un sistema financiero mundial muy inestable. Así pues, la aparición de las criptomonedas ha planteado varios interrogantes sobre el futuro papel de los bancos centrales y su capacidad para controlar la política monetaria en una economía mundial cada vez más entrelazada. Las criptomonedas plantean importantes retos al sistema monetario actual, lo que pone de relieve la necesidad de adoptar medidas reguladoras para mitigar las posibles amenazas a la estabilidad económica y garantizar una política monetaria coordinada en las distintas jurisdicciones. Una posible vía para que los bancos centrales respondan a los retos que plantean las criptomonedas es adoptar la tecnología que las sustenta. La tecnología blockchain que sustenta las criptodivisas ofrece un enorme potencial a los bancos centrales para crear libros de contabilidad distribuidos, que podrían utilizarse para rastrear, verificar y liquidar transacciones en tiempo real. Esto redundaría en una mayor eficiencia, menores costes y mayor transparencia del sistema bancario. Los bancos centrales podrían aprovechar blockchain para crear sus monedas digitales, que estarían respaldadas por el gobierno y sujetas a las leyes y normativas impuestas por las autoridades centrales. Esta permitiría a los bancos centrales mantener el pleno control de la política monetaria, regular la inflación y defender la estabilidad de sus sistemas financieros al tiempo que abordan los retos que plantean las criptomonedas. Los bancos centrales podrían utilizar las criptomonedas como herramienta para mejorar la inclusión financiera, sobre todo en países donde la población no está bancarizada o lo está insuficientemente. Dado que las criptomonedas no requieren intermediarios bancarios, podrían ofrecer a millones de personas la oportunidad de participar en el sistema financiero y acceder a los servicios bancarios con mayor facilidad. La aparición de las criptomonedas está perturbando el papel tradicional de los bancos centrales, planteando tanto amenazas como oportunidades para el sistema financiero existente. Aunque las criptomonedas ofrecen un enorme potencial de mayor eficiencia, transparencia e inclusión financiera, también plantean riesgos significativos para la estabilidad económica. Los bancos centrales deben encontrar un equilibrio entre los beneficios potenciales de las criptomonedas y la mitigación de sus posibles efectos perturbadores sobre el sistema financiero tradicional.

El desarrollo de marcos reguladores para abordar los retos que plantean las criptomonedas en colaboración con otros bancos centrales, instituciones financieras y gobiernos será fundamental para garantizar un futuro económico estable y próspero para todos. Las criptomonedas han tomado el mundo por asalto desde la introducción del Bitcoin en 2009. Han revolucionado la forma de entender y definir qué es el dinero y cómo se utiliza. Las criptodivisas son monedas digitales descentralizadas que permiten realizar transacciones seguras y transparentes sin necesidad de intermediarios, como bancos e instituciones financieras. La aparición de las criptomonedas desafía al sistema económico tradicional, basado en instituciones financieras centralizadas que controlan el flujo de dinero. La influencia de las criptomonedas en la economía mundial puede apreciarse en el modo en que están cambiando las reglas del juego, desde cómo entendemos el dinero hasta las formas en que realizamos las transacciones. Una de las formas más significativas en que las criptomonedas están cambiando las reglas de la economía mundial es desafiando la noción de instituciones e intermediarios financieros centralizados. Las transacciones en la cadena de bloques están a disposición del público y son inmutables, lo que significa que, una vez registrada una transacción, no puede alterarse ni borrarse. Esta transparencia e inmutabilidad han llevado a una reducción significativa del fraude y la corrupción. El uso de criptomonedas también ha reducido significativamente el coste de las transacciones, facilitando el envío transfronterizo de dinero sin necesidad de intermediarios caros. Las criptomonedas también han cambiado la forma de entender y definir lo que es el dinero. Tradicionalmente, el dinero se ha definido como la moneda emitida por un gobierno y respaldada por un banco central. Esta definición se ha visto cuestionada por la aparición de las criptomonedas, que no están controladas por ningún gobierno ni autoridad central. Las criptomonedas se basan en un complejo algoritmo matemático y su valor lo determina el mercado. Esto significa que las criptomonedas tienen un nivel de valor intrínseco que es independiente de cualquier autoridad central, lo que supone un cambio significativo respecto a los sistemas monetarios tradicionales. A pesar de las numerosas ventajas de las criptomonedas, aún se enfrentan a una serie de retos y obstáculos que deben superarse antes de que puedan ser ampliamente aceptadas y utilizadas. Uno de los más importantes es la cuestión de la supervisión reglamentaria. Los gobiernos de todo el mundo han estado lidiando con la forma de regular las criptomonedas y evitar que se utilicen para actividades ilegales como el blanqueo de dinero y la financiación del terrorismo. Es necesario encontrar un delicado equilibrio entre la protección del público frente a estos riesgos y la innovación y el crecimiento del sector. Otro obstáculo para la adopción de las criptomonedas es su volatilidad. El valor de las criptomonedas puede variar significativamente en un corto periodo de tiempo, lo que las hace muy susceptibles a la especulación y la manipulación del mercado. Esta volatilidad puede suponer un obstáculo para su adopción, ya que la gente puede mostrarse reacia a utilizar una moneda sujeta a oscilaciones de valor tan amplias. Las criptomonedas también son vulnerables a la piratería y el fraude, lo que puede ocasionar importantes pérdidas a inversores y usuarios. La aparición de las criptomonedas ha provocado cambios significativos en la economía mundial, desafiando las nociones tradicionales del dinero y su uso. La naturaleza descentralizada y transparente de las criptomonedas ha traído consigo un nivel de confianza y seguridad del que carecen los sistemas monetarios tradicionales. Las criptomonedas siguen afrontando importantes retos, como la supervisión reglamentaria y la volatilidad. No obstante, las criptomonedas han llegado para quedarse y su influencia en la economía mundial seguirá creciendo en los próximos años. La tarea de los responsables políticos debe ser encontrar el equilibrio adecuado entre la protección del público y la innovación y el crecimiento del sector.

VI. CRIPTOMONEDAS Y ECONOMÍA MUNDIAL

Como ya se ha dicho, las criptomonedas han surgido como una fuerza disruptiva en la economía mundial. La descentralización y el anonimato que ofrecen estas monedas digitales las han hecho atractivas tanto para los consumidores como para las empresas. Bitcoin, la criptomoneda más conocida, ha pasado de valer menos de un céntimo a más de 60.000 dólares por moneda en poco más de una década. Este meteórico ascenso ha captado la atención tanto de inversores como de reguladores, que se enfrentan a las implicaciones de un mundo cada vez más gobernado por sistemas financieros descentralizados basados en cadenas de bloques. Aunque el auge de las criptomonedas ha creado nuevas oportunidades para el empoderamiento financiero y la innovación, también ha planteado importantes cuestiones sobre el papel de los gobiernos, los bancos y las empresas en la economía mundial. Las criptomonedas plantean un reto importante al papel tradicional de los bancos como intermediarios y guardianes del sistema financiero. Al permitir a consumidores y empresas realizar transacciones directamente entre sí, las criptomonedas reducen significativamente la fricción asociada a las transacciones financieras tradicionales. Esto puede traducirse en comisiones de transacción más bajas, tiempos de liquidación más rápidos y una mayor inclusión financiera para las personas que están fuera del sistema bancario tradicional. Este nuevo modelo de intermediación financiera también plantea importantes cuestiones sobre quién asume el riesgo y la responsabilidad asociados a la gestión de las transacciones financieras. Con la banca tradicional, la responsabilidad de la prevención del fraude y la resolución de litigios recae principalmente en el banco. Con las criptomonedas, No existe una autoridad central a la que acudir en caso de litigio financiero o fraude. En consecuencia, los consumidores y las empresas deben asumir una mayor carga de responsabilidad a la hora de gestionar sus propios asuntos financieros.

El auge de las criptomonedas ha puesto en tela de juicio las nociones tradicionales de soberanía financiera y ha presionado a gobiernos y bancos centrales para que se adapten a este nuevo paradigma. Los gobiernos y los bancos centrales han sido tradicionalmente los administradores de la política monetaria y se les ha encomendado la tarea de gestionar la oferta monetaria y mantener la estabilidad de precios. Con las criptomonedas, No existe una autoridad central que pueda controlar la oferta monetaria o regular el valor de la moneda. Esto ha suscitado dudas sobre el papel de los bancos centrales en la era digital y sobre si los gobiernos deberían participar más activamente en la regulación de las criptomonedas. A pesar de los retos que las criptomonedas plantean a los sistemas e instituciones financieros tradicionales, también ofrecen importantes oportunidades para la innovación financiera y el empoderamiento. Las criptomonedas tienen el potencial de crear nuevos mercados y modelos de negocio que antes eran imposibles, y de aumentar la inclusión financiera de las personas desatendidas por los sistemas bancarios tradicionales. Por ejemplo, las criptomonedas pueden utilizarse para permitir micropagos, lo que puede facilitar la monetización de los contenidos digitales y proporcionar nuevas fuentes de ingresos a los creadores. Las criptomonedas pueden utilizarse para habilitar nuevos tipos de plataformas de inversión y préstamos entre iguales que pueden proporcionar financiación a empresas y particulares que no pueden acceder a las formas tradicionales de financiación. Las criptomonedas han surgido como una importante fuerza disruptiva en la economía mundial. Si bien ofrecen importantes oportunidades para la innovación y el empoderamiento financieros, también plantean retos significativos a los sistemas e instituciones financieros tradicionales. Los gobiernos, los bancos centrales y los reguladores financieros deben lidiar con las implicaciones de este nuevo paradigma y examinar formas de adaptarse al cambiante panorama de la intermediación financiera. Las criptomonedas representan un cambio fundamental en la forma de concebir el dinero y las transacciones financieras, y su impacto en la economía mundial se dejará sentir durante años. Como ocurre con cualquier nueva tecnología, habrá ganadores y perdedores en el mundo de las criptomonedas. Depende de los gobiernos, las empresas y los consumidores trabajar juntos para garantizar que los beneficios de esta nueva tecnología se extiendan lo más posible. Las criptomonedas representan el futuro del dinero, y la economía mundial tendrá que adaptarse a esta nueva realidad para prosperar.

IMPACTO EN LAS TRANSACCIONES TRANSFRONTERIZAS

Otro impacto significativo de las criptomonedas en la economía mundial ha sido en las transacciones transfronterizas. Históricamente, la realización de transacciones financieras internacionales siempre ha estado asociada a largos plazos de tramitación y elevadas comisiones por transacción. Esto se debe a que intervienen instituciones financieras tradicionales, que tienen que pasar por varios intermediarios antes de que se complete la transacción. Las criptomonedas han proporcionado un medio más eficiente y rentable de transferir fondos a través de las fronteras. Con las criptomonedas, las transacciones transfronterizas pueden completarse en cuestión de minutos o segundos y las comisiones de transacción son significativamente más bajas en comparación con las instituciones financieras tradicionales. Esto ha hecho posible que empresas y particulares envíen y reciban dinero de distintas partes del mundo sin preocuparse por las elevadas comisiones de transacción o los largos tiempos de procesamiento. El uso de criptomonedas en las transacciones transfronterizas es especialmente ventajoso para los países con infraestructuras financieras limitadas. Estos países suelen adolecer de sistemas bancarios ineficaces, elevadas comisiones por transacción y un acceso limitado al crédito. Las criptomonedas ofrecen una forma alternativa de realizar transacciones financieras, haciendo posible que los particulares y las empresas de estos países accedan a servicios financieros a los que de otro modo no habrían podido acceder. Las criptomonedas están descentralizadas, lo que significa que no están controladas por ningún gobierno ni institución financiera. Esto las hace menos susceptibles a la inestabilidad política, la corrupción o las crisis económicas que pueden afectar a los sistemas financieros tradicionales. Las criptomonedas se han hecho especialmente populares en países que sufren inestabilidad política y económica o en los que existen restricciones a las transferencias monetarias internacionales. Además de proporcionar un medio rentable de transferir fondos, las criptomonedas también han introducido nuevas posibilidades para el comercio transfronterizo. Mediante el uso de blockchain, las criptomonedas han permitido crear sistemas seguros y transparentes para el comercio internacional. Los contratos inteligentes, que son contratos autoejecutables en los que los términos del acuerdo entre comprador y vendedor se escriben directamente en líneas de código, han hecho posible que las empresas automaticen y agilicen sus transacciones transfronterizas. Con los contratos inteligentes, el comercio transfronterizo puede realizarse con mayor eficiencia y menor riesgo de fraude. Esto ha hecho posible que empresas de todos los tamaños accedan a los mercados internacionales y amplíen su base de clientes sin tener que preocuparse por las complejidades del comercio transfronterizo. A pesar de las ventajas que ofrecen las criptomonedas para las transacciones transfronterizas, su adopción no ha estado exenta de dificultades. Uno de los principales ha sido la incertidumbre normativa. Las criptomonedas siguen sin estar reguladas en muchos países del mundo, lo que ha dificultado que empresas y particulares sepan cómo cumplir la normativa financiera vigente.

Esta falta de claridad ha provocado que las instituciones financieras tradicionales duden en trabajar con criptomonedas, creando una barrera de entrada para los particulares y las empresas que desean adoptar criptomonedas para transacciones transfronterizas. Los gobiernos de todo el mundo están empezando a establecer marcos reguladores para las criptomonedas, lo que podría aportar la claridad y estabilidad que tanto necesita este sector emergente. Otro reto ha sido la volatilidad de los precios. Las criptomonedas son conocidas por sus precios altamente volátiles, que pueden fluctuar drásticamente en periodos cortos. Esto ha dificultado que las empresas utilicen las criptomonedas como medio de pago fiable o como depósito de valor. Las criptomonedas han desarrollado stablecoins respaldadas por activos tangibles como el dólar o el euro que tienen un valor relativamente estable, estos activos son menos utilizados, están menos descentralizados y ofrecen menos oportunidades para las aplicaciones descentralizadas o la innovación. Con la aparición de las finanzas descentralizadas, también conocidas como "DeFi", están surgiendo soluciones tecnológicas para abordar el reto de la volatilidad. Se están desarrollando protocolos descentralizados, denominados "stablecoins", para proporcionar criptomonedas que sigan el valor de monedas fiduciarias como el dólar estadounidense o el euro. Las criptomonedas están teniendo un impacto significativo en las transacciones transfronterizas. Proporcionan un medio más eficiente y rentable de transferir fondos a través de las fronteras, lo que resulta especialmente ventajoso para los países con infraestructuras financieras limitadas. Están ofreciendo nuevas oportunidades para el comercio transfronterizo mediante el uso de la tecnología blockchain, los contratos inteligentes y las finanzas descentralizadas. Aunque sigue habiendo retos, como la incertidumbre normativa y la volatilidad de los precios, las criptomonedas son muy prometedoras para el futuro de las transacciones transfronterizas y están ampliando nuestra comprensión de las posibilidades económicas más allá de los modelos tradicionales.

INTRODUCCIÓN DE NUEVAS OPORTUNIDADES DE INVERSIÓN

Con el crecimiento de las criptomonedas, han surgido nuevas oportunidades de inversión tanto para particulares como para empresas. Han surgido una serie de servicios para los interesados en invertir en criptomonedas, y varias bolsas, como Binance, Coinbase y Kraken, se han convertido en algunas de las plataformas más populares para comprar y vender activos digitales. Los fondos de inversión, los servicios de custodia y los monederos también han surgido como actores importantes en la criptoesfera. Un ejemplo de fondo de inversión en criptomoneda es Grayscale Bitcoin Trust, que gestiona activos por valor de más de 26.000 millones de dólares y ofrece a los inversores exposición al valor de Bitcoin sin necesidad de comprarlo directamente. Los servicios de custodia, como BitGo o Anchorage, ofrecen seguridad de nivel institucional para mantener los activos digitales a salvo de robos o pérdidas. Los monederos de criptomonedas, como Exodus o Ledger, permiten a los particulares almacenar sus posesiones digitales fuera de línea o en la nube para facilitar el acceso. La aparición de las finanzas descentralizadas (DeFi) también ha proporcionado a los inversores nuevas formas de poner su dinero a trabajar en el espacio de las criptomonedas. DeFi se refiere a una gama de aplicaciones financieras construidas sobre la tecnología blockchain, permitiendo el acceso sin permisos a productos y servicios financieros sin intermediarios como los bancos.

Ejemplos de aplicaciones DeFi son los intercambios descentralizados (DEX) como Uniswap, que permite a los usuarios intercambiar tokens de forma fiable, y los protocolos de préstamo como Aave, que facilitan el préstamo entre pares de activos digitales. A través de las aplicaciones DeFi, los inversores pueden prestar sus tenencias de criptomonedas, ganar intereses por ellas o tomar prestados fondos para comerciar o realizar otras inversiones. Una tendencia popular de DeFi es el yield farming, que consiste en apostar activos digitales en un pool o plataforma para obtener recompensas en forma de tokens o comisiones adicionales. La agricultura de rendimiento se ha convertido en una lucrativa fuente de ingresos pasivos para muchos, con algunos protocolos que ofrecen rendimientos porcentuales anuales (APY) de más del 1.000%. Debido a que el espacio DeFi no está regulado en gran medida, es importante que los inversores investiguen a fondo los proyectos y los riesgos involucrados antes de invertir. Además del DeFi, otras oportunidades de inversión emergentes son los tokens no fungibles (NFT) y las ofertas iniciales de monedas (ICO). Los NFT son activos digitales únicos que representan la propiedad de un artículo concreto, como obras de arte, música o videojuegos. Su popularidad ha crecido en los últimos años, con algunas ventas notables que alcanzan millones de dólares. Por ejemplo, el primer tuit del CEO de Twitter, Jack Dorsey, se vendió como NFT por 2,9 millones de dólares en marzo de 2021. Las ICO, por su parte, son un mecanismo de recaudación de fondos para nuevos proyectos de criptodivisas, similar a las ofertas públicas iniciales (OPI) en el sistema financiero tradicional. Las ICO permiten a las empresas recaudar fondos mediante la venta de tokens antes de que su plataforma o producto esté completamente desarrollado u operativo. Aunque las ICO fueron muy populares en los primeros días de las criptodivisas, muchas han quedado al descubierto como proyectos fraudulentos o estafadores.

Mientras que la aparición de nuevas oportunidades de inversión ha desafiado las normas de inversión tradicionales, las criptomonedas también han tenido un impacto en los mercados financieros tradicionales. Los inversores han acudido en masa a las criptodivisas como cobertura contra la inflación o como depósito de valor en tiempos de incertidumbre económica. La pandemia de coronavirus de 2020 y las subsiguientes políticas monetarias de los bancos centrales de todo el mundo provocaron una impresión de dinero sin precedentes y preocupación por la hiperinflación entre los inversores, lo que llevó a un aumento del valor de Bitcoin y otras criptodivisas.

La adopción de criptomonedas también ha repercutido en el mercado mundial de remesas, al ofrecer una forma alternativa y rentable de enviar dinero a través de las fronteras. Los servicios tradicionales de envío de remesas, como Western Union o MoneyGram, suelen cobrar comisiones elevadas por las transferencias transfronterizas, que en algunos casos alcanzan el 15% del importe total transferido. Con las criptomonedas, los particulares pueden enviar fondos a cualquier persona en cualquier parte del mundo con comisiones mínimas y tiempos de transacción instantáneos. Esto tiene el potencial de beneficiar a millones de personas en todo el mundo que dependen del envío de dinero a casa para mantener a sus familias. El auge de las criptomonedas también ha desafiado el dominio de las instituciones financieras tradicionales. Las soluciones financieras descentralizadas y las criptomonedas han ofrecido a los consumidores un sistema financiero más democrático, permitiendo a más personas acceder a los servicios financieros. Las criptomonedas han hecho posible que cualquier persona con conexión a Internet tenga y gestione su propio dinero sin depender de un banco. Esto ha democratizado aún más el sistema financiero, proporcionando un mayor acceso a los servicios financieros a particulares y empresas que han quedado excluidos de los servicios financieros tradicionales por diversas razones, como la falta de acceso a la infraestructura bancaria o las barreras normativas. La aparición de las criptomonedas ha allanado el camino a nuevas oportunidades de inversión que han desafiado las normas de inversión tradicionales. Las finanzas descentralizadas, las NFT, las ICO y las aplicaciones DeFi ofrecen a los inversores nuevas formas de poner su dinero a trabajar, pero no están exentas de riesgos. Aunque las criptomonedas han beneficiado a millones de personas en todo el mundo, también han suscitado preocupación por las prácticas fraudulentas, la falta de regulación y el impacto medioambiental. Las criptomonedas también han repercutido en los mercados financieros tradicionales, ofreciendo una alternativa al mercado mundial de remesas y desafiando el dominio de las instituciones financieras tradicionales. A medida que el ecosistema de las criptomonedas sigue evolucionando y madurando, es importante que los inversores y los reguladores se mantengan vigilantes, reconociendo al mismo tiempo los beneficios potenciales que las criptomonedas y blockchain ofrecen a una economía mundial en rápida evolución.

EL EFECTO EN EL COMERCIO INTERNACIONAL

Uno de los efectos más significativos que las criptomonedas han tenido en la economía mundial es su impacto en el comercio internacional. Las criptomonedas ofrecen un nivel de facilidad y transparencia en las transacciones transfronterizas que las monedas tradicionales simplemente no pueden igualar.

Eliminan la necesidad de intermediarios, como bancos u otras instituciones financieras, para facilitar las transacciones. Esto no sólo reduce los costes de transacción, sino que también agiliza considerablemente el proceso. Las criptomonedas se han hecho cada vez más populares en países donde el acceso a los servicios bancarios tradicionales es limitado, creando así una economía global más inclusiva. Otro aspecto crucial de las criptomonedas en el comercio internacional es el grado de anonimato que proporcionan. Si bien esto puede levantar sospechas en algunos sectores, también puede proporcionar un nivel de seguridad y confidencialidad muy atractivo para muchas empresas. Siempre que las partes implicadas en una transacción puedan confiar las unas en las otras, las criptomonedas ofrecen la solución perfecta. Las criptomonedas también ofrecen una mayor flexibilidad en cuanto al tamaño de las transacciones; los sistemas bancarios tradicionales a menudo imponen límites a la cantidad de dinero que puede transferirse en una sola transacción, pero las criptomonedas pueden utilizarse para intercambiar fácilmente incluso sumas muy grandes de dinero sin ninguna restricción. Las criptomonedas también permiten agilizar los pagos en el comercio internacional. Los pagos transfronterizos con divisas tradicionales suelen tardar varios días en procesarse debido a la necesidad de pasar por varios intermediarios. Esto puede provocar a veces retrasos en la entrega de bienes y servicios, lo que puede perjudicar tanto a las empresas como a los consumidores. Con las criptomonedas, todo el proceso se agiliza y los pagos pueden completarse en cuestión de segundos. Esto puede suponer una diferencia significativa en sectores en los que la rapidez es esencial, como el financiero o el del comercio electrónico. Las criptomonedas también pueden ayudar a reducir los riesgos asociados a las fluctuaciones monetarias. Esto es especialmente importante para las empresas que operan en países con divisas volátiles o situaciones políticas inestables. Dado que las criptomonedas no están vinculadas a ninguna moneda fiduciaria en particular, son inmunes a las fluctuaciones de los mercados financieros tradicionales. Esto permite a las empresas realizar transacciones transfronterizas sin tener que preocuparse por los riesgos monetarios u otras incertidumbres financieras. Otra ventaja importante de las criptomonedas en el comercio internacional es su capacidad para reducir los costes de transacción. Cuando una empresa necesita transferir dinero a través de las fronteras, por lo general tiene que pagar una cantidad significativa en honorarios a los diversos intermediarios que intervienen en el proceso. Con las criptomonedas, estas comisiones se reducen significativamente o se eliminan por completo. Esto se debe a que las criptomonedas no dependen de intermediarios para procesar las transacciones, lo que elimina la necesidad de bancos u otras instituciones financieras. Esto significa que las empresas pueden ahorrar una cantidad significativa de dinero en comisiones de transacción, que puede reinvertirse en otras áreas del negocio. Las criptomonedas también tienen sus inconvenientes en el comercio internacional. Uno de los más importantes es la falta de regulación en torno a las criptomonedas. La falta de supervisión o regulación por parte de los organismos gubernamentales puede hacer que las criptomonedas se presten a ser utilizadas en actividades ilegales como el blanqueo de dinero o la financiación del terrorismo. Esta falta de regulación también puede dificultar que las empresas confíen en las criptomonedas como forma de pago segura y estable. Las criptomonedas también pueden ser muy volátiles. Su valor puede fluctuar enormemente en cuestión de horas o días, lo que puede crear riesgos significativos para las empresas que dependen de ellas para el comercio internacional. Una caída repentina del valor de una criptomoneda podría provocar pérdidas financieras significativas para las empresas que invierten mucho en ella. Del mismo modo, un aumento repentino del valor podría llevar a las empresas a pagar de más por bienes o servicios. Está la cuestión de la seguridad. Aunque las criptomonedas suelen promocionarse como muy seguras, no son inmunes a la piratería informática ni a otras formas de ciberdelincuencia. Se han producido varios casos sonados de pirateo de bolsas de criptomonedas, que han provocado importantes pérdidas a empresas e inversores. Esto subraya la importancia de tomar las debidas precauciones al utilizar criptomonedas para el comercio internacional. Las criptomonedas han tenido un profundo impacto en el comercio internacional, proporcionando un nivel de facilidad, transparencia y flexibilidad que los sistemas bancarios tradicionales simplemente no pueden igualar. Ofrecen plazos de liquidación más rápidos, menores costes de transacción, mayor anonimato y una economía mundial más integradora.

También plantean sus propios retos, como la volatilidad, la falta de regulación y los problemas de seguridad. A medida que las criptomonedas sigan evolucionando y ganando adeptos, está claro que su impacto en la economía mundial no hará sino crecer. Las criptomonedas, también conocidas como monedas digitales o virtuales, han surgido como una fuerza nueva y disruptiva en la economía mundial. La criptodivisa más famosa, Bitcoin, se creó en 2009, y desde entonces se han desarrollado miles de criptodivisas más, cada una con sus rasgos y características únicos. A diferencia de las divisas tradicionales, las criptodivisas están descentralizadas y funcionan en una red entre iguales, lo que significa que no están controladas por autoridades centrales como gobiernos o bancos. En su lugar, son gestionadas por una red de usuarios que validan las transacciones y mantienen la integridad del sistema.

La aparición de las criptomonedas ha sido tan emocionante como controvertida. Los partidarios de las monedas digitales sostienen que ofrecen transacciones más rápidas, baratas y seguras que los métodos de pago tradicionales. También proporcionan una mayor libertad financiera al permitir a las personas realizar transacciones sin necesidad de intermediarios como bancos o procesadores de pagos. En esencia, las criptomonedas están nivelando el terreno de juego y democratizando las finanzas. También preocupa el impacto de las criptomonedas en la economía y la sociedad mundiales.

Algunos críticos sostienen que las divisas digitales son una herramienta para actividades ilícitas, como el blanqueo de dinero, la falsificación y la financiación del terrorismo. Otros afirman que son muy volátiles y propensas a burbujas especulativas, lo que podría provocar inestabilidad financiera y crisis económicas. A otros les preocupa que el auge de las criptomonedas pueda erosionar el poder de los gobiernos y los bancos centrales para controlar la política monetaria, dando lugar a posibles retos y conflictos regulatorios. A pesar de estas preocupaciones, las criptomonedas ya han tenido un impacto significativo en la economía mundial. Están cambiando nuestra forma de pensar sobre el dinero y las instituciones financieras, y su potencial disruptivo está desafiando los modelos económicos convencionales. Una de las características más notables de las criptomonedas es la tecnología blockchain que las sustenta. La cadena de bloques es un sistema de contabilidad distribuida que registra todas las transacciones de forma descentralizada y transparente. Utiliza algoritmos complejos para validar las transacciones y mantener la integridad del sistema. Esta tecnología tiene el potencial de transformar muchas áreas de la economía, desde las finanzas a la gestión de la cadena de suministro, mediante la creación de registros inmutables y a prueba de manipulaciones que no requieren intermediarios para su validación. La aparición de las criptomonedas ha provocado una explosión de innovación en el sector financiero. Las criptomonedas están impulsando nuevos modelos de negocio y ofertas de productos, como las bolsas de criptomonedas, los servicios de monedero y los procesadores de pagos. También están fomentando la adopción de nuevas tecnologías, como la inteligencia artificial y el aprendizaje automático, para mejorar los servicios financieros y automatizar procesos tediosos.

Las criptomonedas también están desafiando a la industria financiera tradicional al ofrecer oportunidades de inversión alternativas. Las criptomonedas ofrecen a los inversores una propuesta de alto riesgo y alta rentabilidad que antes no estaba disponible a través de las inversiones tradicionales. La naturaleza volátil de las criptodivisas ha llevado incluso a varios inversores a crear sus propias estrategias de inversión en criptodivisas, como el HODLing (mantener su inversión en criptodivisas a largo plazo, en lugar de vender impulsivamente), o el day trading (comprar y vender criptodivisas en un solo día de negociación). Estas nuevas opciones de inversión están creando nuevos mercados y reconfigurando el panorama inversor mundial. Las criptomonedas están facilitando las transacciones transfronterizas y reduciendo los costes asociados a ellas. Las criptomonedas pueden utilizarse para enviar dinero a través de las fronteras de forma rápida y barata, sin necesidad de intermediarios como bancos o procesadores de pagos. Esto tiene el potencial de beneficiar tanto a las empresas como a los consumidores, en particular a los que envían y reciben remesas, que representan una parte significativa de las transacciones mundiales. Las criptomonedas también están fomentando una mayor inclusión financiera al facilitar el acceso a los servicios financieros a personas que antes no tenían acceso a los servicios bancarios o los tenían insuficientemente. Las monedas digitales permiten almacenar y transferir valor sin necesidad de una cuenta bancaria tradicional, lo que resulta especialmente beneficioso en regiones con una infraestructura financiera limitada. Las criptomonedas están abriendo nuevas oportunidades económicas y permitiendo a las personas tomar el control de su vida financiera, incluso en zonas donde el acceso a los servicios financieros es limitado. Las criptomonedas están desafiando la primacía de las divisas tradicionales, en particular el dólar estadounidense, como moneda de reserva mundial. El dominio del dólar ha dado tradicionalmente a Estados Unidos un poder económico y político significativo, pero la aparición de las criptomonedas está desafiando este paradigma. Las criptomonedas están creando una alternativa a las divisas tradicionales, que no está vinculada a las políticas económicas y políticas de un único gobierno. Están creando una economía global más diversa y democratizada, menos vulnerable a los riesgos asociados al dominio de una sola moneda. Las criptomonedas están cambiando las reglas de la economía mundial. Están perturbando las instituciones financieras tradicionales, fomentando la innovación y la inclusión financiera, y desafiando la primacía de las monedas tradicionales. Aunque no cabe duda de que la aparición de las criptomonedas plantea retos y riesgos, su potencial de perturbación positiva es enorme. Mientras seguimos lidiando con el impacto de estas monedas digitales, está claro que desempeñarán un papel importante en la configuración del futuro de las finanzas y la economía mundial.

VII. LA ADOPCIÓN DE CRIPTOMONEDAS

La adopción de criptomonedas ha sido un tema de debate para muchas empresas y responsables políticos. Aunque la adopción inicial de las criptomonedas fue relativamente lenta, la facilidad de acceso que ofrecen las tecnologías modernas está animando ahora a más personas y organizaciones a adoptarlas. Como resultado, se ha producido un aumento significativo en el número de empresas, corporaciones y gobiernos que han adoptado las criptomonedas y la tecnología blockchain para agilizar sus operaciones y reducir costes. Las criptomonedas ofrecen ventajas únicas que las monedas fiduciarias tradicionales no pueden ofrecer. Estas ventajas incluyen la posibilidad de una mayor libertad, ya que los usuarios no están vinculados a una institución financiera centralizada, una mayor seguridad, comisiones de transacción más bajas, transacciones más rápidas y un sistema más transparente. Estas características han llamado la atención de las empresas que buscan mejorar sus operaciones incorporando criptomonedas a su sistema financiero. La adopción de criptomonedas se ha convertido en un motor crucial para las empresas que pretenden seguir el ritmo de las tendencias tecnológicas y seguir siendo competitivas en el mercado. La adopción de criptomonedas no sólo se limita a las empresas, sino también a los organismos gubernamentales. La adopción de criptomonedas tiene el potencial de cambiar radicalmente la economía mundial al descentralizar el poder que actualmente detentan los gobiernos y las instituciones financieras. Esta descentralización pone el poder directamente en manos de la gente y democratiza las finanzas para que cualquiera pueda participar independientemente de su estatus socioeconómico o ubicación geográfica. La adopción de criptomonedas y de la tecnología blockchain ha hecho posible que los particulares realicen transacciones sin necesidad de intermediarios centralizados. Esta evolución elimina la necesidad de servicios bancarios tradicionales y de otros terceros de confianza. También abre oportunidades de colaboración e integración entre distintos sectores de la economía a escala mundial. En los últimos años, criptomonedas como Bitcoin han despertado un gran interés entre las instituciones financieras, lo que supone un gran avance en la adopción de las criptomonedas en el mercado financiero general. Las principales instituciones financieras, como J.P. Morgan, ya están trabajando en sus proyectos y soluciones de criptomoneda para ofrecer a sus clientes acceso a las criptomonedas. Un sector importante que ha sido testigo de una amplia adopción de las criptomonedas es el de las remesas. Las remesas transfronterizas representan un porcentaje sustancial de las transacciones mundiales y durante mucho tiempo han estado plagadas de altas comisiones de transacción, largos períodos de espera y otros problemas. Con la adopción de las criptomonedas, este proceso se ha agilizado significativamente, y el coste de enviar dinero a través de las fronteras se ha reducido considerablemente. La adopción de criptomonedas en la industria del juego también está creciendo. Los desarrolladores de juegos pueden monetizar sus juegos con criptomonedas. Esta adopción ha abierto canales de ingresos

118

para los desarrolladores y ha creado un nuevo tipo de economía del juego. Otro sector que se beneficia de la adopción de criptomonedas es el comercio minorista en línea. Los minoristas en línea que aceptan criptomonedas ofrecen a los clientes la oportunidad de comprar mercancías sin necesidad de recurrir a los servicios bancarios tradicionales. Este enfoque puede ser especialmente útil para las personas sin cuentas bancarias o que se enfrentan a restricciones bancarias. La adopción de criptomonedas tiene el potencial de ser pionera en una economía mundial más justa y equitativa, proporcionando acceso a servicios bancarios que permitan a las personas ahorrar, invertir y realizar transacciones de forma fácil, rápida y segura. En los países en desarrollo, por ejemplo, la adopción de criptomonedas puede facilitar el acceso a financiación, remesas, microcréditos, pago de salarios y otras transacciones financieras que no eran posibles en el pasado. Las criptomonedas eliminan una gran cantidad de burocracia y problemas normativos que antes obstaculizaban los sistemas financieros y permiten a los particulares realizar transacciones con facilidad y anonimato.

A pesar de las numerosas ventajas de las criptomonedas, su adopción no ha sido del todo fluida. La naturaleza descentralizada de las criptomonedas ha atraído la atención de estafadores y delincuentes a utilizar criptomonedas para llevar a cabo actividades ilegales. En consecuencia, la adopción de criptomonedas ha complicado la legislación para frustrar estas actividades y garantizar que la tecnología siga siendo beneficiosa para empresas y particulares. La adopción de las criptomonedas y la tecnología blockchain está aún en sus primeras fases. A medida que más empresas, gobiernos y particulares reconozcan los beneficios potenciales de las criptomonedas, se espera que su adopción aumente, y esto tiene la capacidad de cambiar la economía mundial. Las criptomonedas desempeñarán un papel fundamental en la configuración del futuro del sistema financiero y económico, haciendo que las transacciones económicas sean más fáciles y accesibles para todos, y aumentando la transparencia y la rendición de cuentas en las transacciones financieras. La adopción de criptomonedas también contribuirá a reducir el fraude, mejorar la seguridad y promover la descentralización, ya que las bolsas de criptomonedas descentralizadas y las finanzas descentralizadas seguirán ganando popularidad y aumentando sus capacidades. En un mundo en rápida transformación y globalización, las criptomonedas ofrecen ventajas únicas que no podrían reproducirse con las monedas fiduciarias tradicionales. Su adopción tiene el potencial de cambiar radicalmente la economía mundial al descentralizar el poder de los gobiernos y las instituciones financieras y democratizar las finanzas para que cualquiera pueda participar independientemente de su situación socioeconómica o ubicación geográfica. La adopción de criptomonedas se ha convertido cada vez más en un motor crucial para las empresas y los particulares que pretenden seguir siendo competitivos en el mercado y seguir el ritmo de las tendencias tecnológicas. Aunque la adopción de criptomonedas sigue enfrentándose a retos normativos y legislativos, su uso potencial en la economía mundial sigue siendo inmenso.

CRECIMIENTO DEL NÚMERO DE PERSONAS QUE REALIZAN TRANSACCIONES CON CRIPTOMONEDAS

Un avance significativo en el espacio de las criptomonedas ha sido el crecimiento del número de personas que realizan transacciones con criptomonedas. El número de usuarios de criptomonedas ha ido en aumento en los últimos años, y esta tendencia podría continuar en el futuro. Un informe del Cambridge Center for Alternative Finance estima que el número de usuarios activos únicos de criptodivisas ha crecido de unos 3 millones en 2016 a 100 millones en 2021. Este crecimiento de los usuarios puede atribuirse a varios factores, como una mayor concienciación, la facilidad de acceso y el potencial de altos rendimientos de las inversiones. Una de las razones que han llevado a un mayor número de transacciones de criptodivisas es el creciente número de empresas que aceptan criptodivisas como forma de pago. Esto ha facilitado a la gente la compra de bienes y servicios utilizando criptodivisas. La disponibilidad de plataformas de comercio de criptodivisas también ha facilitado que la gente invierta en criptodivisas. Estas plataformas han facilitado el acceso a las criptodivisas, haciéndolas atractivas para más personas interesadas en invertir. Otro factor que ha contribuido al crecimiento del número de personas que realizan transacciones con criptomonedas es el potencial de alto rendimiento de las inversiones. En los últimos años, las criptomonedas han proporcionado importantes rendimientos a muchos inversores. Por ejemplo, Bitcoin pasó de 1.000 dólares en enero de 2017 a 20.000 dólares en diciembre de 2017, lo que representa un rendimiento del 1.900% en un año. Esta elevada tasa de rentabilidad ha captado la atención de inversores potenciales que ven en las criptodivisas una opción de inversión viable. La posibilidad de obtener altos rendimientos ha atraído no solo a inversores particulares, sino también a inversores institucionales. Por ejemplo, algunos inversores institucionales, como fondos de cobertura y bancos de inversión, han empezado a invertir en criptodivisas. Cabe señalar, que la elevada tasa de rentabilidad de las criptodivisas viene acompañada de una gran volatilidad, lo que la convierte en una inversión de alto riesgo.

La proliferación de las criptomonedas también ha traído consigo la cuestión de la descentralización. Las criptomonedas están descentralizadas, lo que significa que no están sujetas al control gubernamental. Esto ha atraído a partidarios que ven en las criptomonedas un medio de lograr la independencia financiera de las monedas fiduciarias controladas por los gobiernos. La descentralización ha abierto una nueva ola de oportunidades financieras para personas de todo el mundo que, de otro modo, no tendrían acceso a los servicios bancarios tradicionales.

En particular, las finanzas descentralizadas (DeFi) han irrumpido con fuerza en el espacio de las criptomonedas. DeFi se refiere a los protocolos financieros basados en blockchain que tienen como objetivo proporcionar productos financieros tradicionales, como préstamos, empréstitos y comercio, sin depender de instituciones centralizadas, como bancos y empresas de inversión. DeFi ha crecido significativamente en el último año, con el valor total de los protocolos DeFi creciendo de $ 2 mil millones en enero de 2020 a más de $ 77 mil millones en mayo de 2021. DeFi tiene el potencial de transformar el sistema bancario tradicional y podría aumentar aún más el uso de las criptodivisas. El creciente uso de las criptomonedas también conlleva sus propios retos. Uno de los principales es la cuestión de la seguridad. Las criptomonedas son propensas a las brechas de seguridad, y muchas personas han perdido sus inversiones debido a hackeos, estafas y fraudes. Según un informe de la empresa de seguridad blockchain CipherTrace, en 2020 se perdieron más de 1.900 millones de dólares en robos, estafas y fraudes de criptodivisas. La falta de regulación en el sector de las criptomonedas ha dificultado a las fuerzas de seguridad la lucha contra los delitos relacionados con las criptomonedas. El auge de las criptomonedas ha dado lugar a un gran número de esquemas fraudulentos, como los esquemas Ponzi, los esquemas piramidales y los esquemas de bombeo y descarga. Estas estafas se aprovechan de inversores ingenuos que buscan obtener beneficios rápidos con las criptomonedas. Por este motivo, los gobiernos y organismos reguladores de todo el mundo están trabajando para establecer normativas más estrictas en el sector de las criptomonedas. El crecimiento del número de personas que realizan transacciones con criptomonedas es un hecho significativo que ha cogido al mundo por sorpresa. El auge de las criptomonedas ha traído consigo la posibilidad de obtener elevados rendimientos de las inversiones, la descentralización de los servicios financieros y un sinfín de ventajas. Las criptomonedas siguen enfrentándose a diversos retos, como las brechas de seguridad y los esquemas fraudulentos. La necesidad de una regulación más estricta en el sector de las criptomonedas es cada vez más evidente. A pesar de los retos, las criptomonedas siguen ganando popularidad y es probable que su influencia continúe creciendo. A medida que los gobiernos y los organismos reguladores de todo el mundo trabajen para establecer normativas e institucionalizar las criptodivisas, el ecosistema de las criptodivisas podría volverse más seguro y atractivo para los inversores. La industria de las criptomonedas aún está en sus primeras etapas, y el futuro promete ser emocionante para quienes forman parte del ecosistema.

AUMENTO DEL USO DE CRIPTOMONEDAS EN LA INDUSTRIA GENERAL

El uso creciente de criptomonedas es una tendencia importante en la industria general. En los últimos años, las criptomonedas han ganado aceptación como forma legítima de pago en diversos sectores de la economía. Estos sectores abarcan desde el comercio en línea, los viajes, la hostelería y los juegos, hasta el comercio minorista tradicional, el transporte y el sector inmobiliario. A medida que crece la adopción de las criptomonedas, éstas están cambiando la forma de hacer negocios y las reglas de la economía mundial. Las criptomonedas ofrecen varias ventajas frente a los modos de pago tradicionales, como comisiones de transacción más bajas, tiempos de procesamiento más rápidos y mayor seguridad y privacidad para los clientes. Estas ventajas las han convertido en el modo de pago preferido de muchas empresas y consumidores. Uno de los principales motores del aumento de la adopción de la criptomoneda es la creciente popularidad del comercio en línea. En los últimos años, el comercio electrónico se ha convertido en una parte importante de la economía mundial. Plataformas de compra en línea como Amazon, Alibaba y eBay han hecho que las compras sean cómodas y accesibles para los consumidores de todo el mundo. Mientras que los modos de pago tradicionales, como las tarjetas de crédito y las transferencias bancarias, han sido la norma, las criptomonedas están empezando a ofrecer una alternativa. Las criptomonedas ofrecen una forma más segura y anónima de realizar compras en línea, especialmente para los clientes de países con normativas restrictivas en materia de divisas. Las criptomonedas ofrecen tiempos de procesamiento más rápidos, lo que significa que los clientes pueden recibir sus productos o servicios rápidamente. Esta ventaja es especialmente útil para las plataformas de comercio electrónico que dependen de la alta velocidad en el cumplimiento de los pedidos para satisfacer las expectativas de los clientes. Aparte del comercio electrónico, los sectores de los viajes y la hostelería también han empezado a aceptar las criptomonedas como forma de pago. Las agencias de viajes, las aerolíneas y los hoteles han reconocido las ventajas de las criptomonedas en términos de velocidad de las transacciones, comisiones más bajas y mayor seguridad. Las criptomonedas son especialmente populares entre los clientes que desean reservar viajes o alojamiento desde otro país sin preocuparse por los tipos de cambio o las normativas sobre divisas. Por ejemplo, Expedia, la plataforma de reservas de viajes, empezó a aceptar pagos con Bitcoin en 2014 y ha obtenido resultados positivos. Del mismo modo, la cadena hotelera suiza The Dolder Grand ha empezado a aceptar criptomonedas como Bitcoin y Ethereum para reservas y otros servicios. La industria del juego también ha experimentado un cambio significativo hacia las criptomonedas. Las criptomonedas ofrecen a las plataformas de juego en línea un modo de transacción eficaz, seguro y rápido. Algunas plataformas de juego en línea ofrecen a sus usuarios la opción de pagar con criptomonedas o ganar recompensas en ellas. Esta tendencia también ha llevado a la creación de plataformas de juego basadas en blockchain, como Enjin y WAX, que permiten a los jugadores comerciar con activos virtuales utilizando criptomonedas. El uso de criptomonedas en la industria del juego no solo ha aumentado la comodidad para los jugadores, sino que también ha abierto nuevos mercados, como el del comercio de activos virtuales. Industrias tradicionales como el comercio minorista, el transporte y el sector inmobiliario también han sido testigos del impacto de las criptomonedas. Minoristas como Overstock.com y Shopify aceptan ahora criptomonedas como opción de pago, mientras que algunos proveedores de transporte como Uber y Lyft están mostrando interés en aceptar criptomonedas. La industria inmobiliaria está explorando el uso de la tecnología blockchain para agilizar las transacciones inmobiliarias, un desarrollo que se espera que aumente la adopción de criptodivisas en el sector. Estas industrias están reconociendo los beneficios de las criptodivisas en términos de velocidad de las transacciones, mayor seguridad y tarifas más bajas, lo que se traduce en una mayor rentabilidad para las empresas y mejores experiencias para los clientes. A medida que las criptomonedas siguen ganando aceptación, están cambiando las reglas de la economía mundial. Las criptomonedas han eliminado la necesidad de instituciones financieras tradicionales como los bancos para facilitar las transacciones, lo que ha creado un nuevo sistema financiero descentralizado. La naturaleza descentralizada de las criptomonedas ha aportado mayor autonomía a empresas y consumidores, que ahora pueden realizar transacciones sin intermediarios. Esto ha aumentado la eficiencia, reducido los costes de transacción y mejorado la experiencia del usuario. Las criptomonedas han proporcionado una opción de inversión alternativa para quienes buscan diversificar sus carteras. Las criptomonedas están sujetas a las fluctuaciones del mercado, que pueden ser impredecibles y volátiles. Esto brinda a los inversores la oportunidad de beneficiarse de las tendencias y movimientos del mercado. Las criptomonedas ofrecen a los inversores una forma de invertir en los mercados mundiales sin tener que preocuparse por las normas de cambio o las fronteras. Las inversiones en criptodivisas también ofrecen anonimato, lo que significa que los inversores pueden proteger su privacidad. El creciente uso de las criptomonedas en la industria general está cambiando las reglas de la economía mundial. Desde el comercio electrónico y los viajes hasta los juegos de azar, el comercio minorista, el transporte y el sector inmobiliario, las criptomonedas están proporcionando a empresas y consumidores servicios más rápidos, seguros y baratos. Esto ha creado un nuevo sistema financiero descentralizado y autónomo, que resta relevancia al sistema financiero tradicional. A medida que la popularidad y el uso de las criptomonedas aumenten, seguirán determinando el futuro de la economía mundial.

POSICIÓN DEL GOBIERNO SOBRE LAS CRIPTOMONEDAS

A medida que las criptomonedas siguen ganando impulso en el mundo financiero, los distintos gobiernos del mundo han adoptado enfoques diferentes respecto a su regulación y uso. Algunos países han acogido las criptomonedas con los brazos abiertos, mientras que otros han adoptado una postura más cautelosa, o incluso las han prohibido por completo. En Estados Unidos, el Gobierno ha adoptado una postura un tanto contradictoria respecto a las criptomonedas. Por un lado, reconoce los beneficios potenciales de la tecnología blockchain y la innovación que las criptomonedas aportan al sector financiero. Por otro lado, también reconoce los riesgos y desafíos asociados a las criptomonedas, especialmente en términos de su posible uso para actividades ilegales como el blanqueo de capitales y la financiación del terrorismo. Una de las principales agencias gubernamentales responsables de la regulación de las criptomonedas en Estados Unidos es la Financial Crimes Enforcement Network (FinCEN). La FinCEN forma parte del Departamento del Tesoro de Estados Unidos y se encarga de hacer cumplir la normativa contra el blanqueo de capitales (AML) y la financiación del terrorismo (CTF). En 2013, la FinCEN publicó orientaciones sobre la aplicación de su normativa a las personas y empresas que utilizan monedas virtuales. Las directrices establecían que los cambiadores y administradores de divisas virtuales se consideran empresas de servicios monetarios (MSB) y, por tanto, están sujetos a la normativa ALD/CFT. Esto significa que las casas de cambio de divisas virtuales y otras empresas que operan con criptomonedas deben registrarse en la FinCEN, aplicar programas de lucha contra el blanqueo de capitales y la financiación del terrorismo y notificar las transacciones sospechosas. El Servicio de Impuestos Internos (IRS) es otro organismo público que se ha interesado por las criptomonedas. En 2014, el IRS emitió una guía que establece que las monedas virtuales son tratadas como propiedad a efectos fiscales y que las ganancias o pérdidas de su venta o intercambio están sujetas al impuesto sobre las plusvalías. Esto significa que las personas que compran y venden criptodivisas deben llevar un registro cuidadoso de sus transacciones y declararlas con exactitud en sus declaraciones de impuestos.

A pesar de estos marcos reguladores, el Gobierno estadounidense ha sido relativamente permisivo con las criptomonedas en comparación con otros países. Por ejemplo, mientras que China ha prohibido las ofertas iniciales de monedas (OIC) y ha cerrado las bolsas de criptomonedas, Estados Unidos ha permitido que continúen las OIC y solo ha cerrado un pequeño número de sistemas fraudulentos de criptomonedas. Al mismo tiempo, hay indicios de que el gobierno de Estados Unidos está cada vez más preocupado por los posibles riesgos y desafíos que plantean las criptodivisas. A principios de 2018, la Comisión de Bolsa y Valores de Estados Unidos (SEC, por sus siglas en inglés) lanzó una ofensiva contra las ICO, advirtiendo que muchas de ellas probablemente violaban las leyes de valores. La SEC también ha estado investigando las bolsas de criptodivisas y ha emitido citaciones a varias de ellas como parte de este proceso. Un aspecto del enfoque del gobierno de EE.UU. hacia las criptomonedas que ha sido criticado por algunos en la industria es la falta de orientación y regulaciones claras. Algunos sostienen que el entorno normativo de EE.UU. es demasiado incierto y que esto está disuadiendo la inversión y la innovación en la industria de la criptomoneda. Otros sostienen que el enfoque regulador actual es adecuado, dada la naturaleza rápidamente cambiante del sector y la necesidad de que los reguladores encuentren un equilibrio entre el fomento de la innovación y la protección de los consumidores. También existe la preocupación de que el enfoque del gobierno estadounidense hacia las criptodivisas pueda ponerlo en desventaja frente a otros países. Algunos países, como Suiza y Japón, han adoptado una postura más amistosa hacia las criptodivisas y han desarrollado marcos reguladores que son diseñados específicamente para fomentar la innovación en el sector. Estos países se están posicionando como centros de innovación e inversión en criptomoneda, lo que podría alejar a las empresas de Estados Unidos. La posición del gobierno de EE.UU. respecto a las criptomonedas es compleja y está evolucionando. Aunque se ha mostrado relativamente permisivo con las criptomonedas en comparación con otros países, también es cada vez más consciente de los posibles riesgos y retos asociados a ellas. El entorno normativo en EE.UU. sigue siendo algo incierto, y muchos en el sector piden orientaciones y normativas más claras. Si el gobierno de EE.UU. adoptará una postura más proactiva hacia las criptomonedas en el futuro está por ver, pero está claro que la industria seguirá desempeñando un papel importante en la economía mundial durante algún tiempo. La aparición de las criptomonedas ha provocado sin duda un cambio sísmico en nuestra economía mundial. Estos activos digitales están diseñados para operar con independencia de bancos centrales y gobiernos, y ofrecen un sistema de intercambio monetario no centralizado. Esta descentralización ha alterado fundamentalmente las reglas tradicionales de la economía mundial, presentando tanto oportunidades como retos para los gobiernos, las instituciones financieras y los inversores particulares. Uno de los efectos más significativos de las criptomonedas ha sido sobre el propio concepto de dinero. Tradicionalmente, el dinero ha sido una entidad física, como el oro, la plata o el papel moneda, respaldada por una autoridad central. Las monedas digitales como Bitcoin han introducido un nuevo concepto de dinero que existe únicamente en el ámbito digital, sin forma física ni respaldo de una autoridad central. Esto puede ser tanto una bendición como una carga para los consumidores, dependiendo de factores como la estabilidad del mercado, la inflación y la seguridad. Otra forma en que las criptomonedas están cambiando las reglas de la economía mundial es proporcionando una nueva vía de inversión. En el pasado, los particulares y las instituciones tenían opciones limitadas para invertir en nuevas tecnologías o empresas incipientes. Con el auge de las criptomonedas, los inversores pueden ahora participar directamente en el crecimiento de una nueva tecnología. El modelo de oferta inicial de monedas (OIC), en el que las nuevas criptomonedas se lanzan y distribuyen a través de un proceso de crowdfunding, ha abierto nuevas oportunidades de inversión tanto para pequeños como para grandes inversores. La naturaleza descentralizada de las criptomonedas también significa que los inversores pueden evitar a los intermediarios financieros tradicionales y acceder a inversiones de alto riesgo y alta rentabilidad que no habrían sido viables en el pasado. Este nuevo panorama de inversión ofrece un enorme potencial de crecimiento e innovación, pero también presenta riesgos significativos, como el fraude, las brechas de seguridad y la volatilidad del mercado. Además del impacto en la inversión, la aparición de las criptomonedas también está cambiando la forma en que se producen las transacciones financieras. Las criptomonedas ofrecen una alternativa más rápida, barata y eficiente a los sistemas bancarios tradicionales, que pueden ser lentos y costosos, sobre todo para las transacciones transfronterizas. Los algoritmos criptográficos garantizan la autenticidad y seguridad de las transacciones, ofreciendo un nivel de confianza que antes era difícil de alcanzar con los sistemas bancarios tradicionales. Esta tecnología también permite micropagos entre particulares, lo que puede crear nuevas fuentes de ingresos para los creadores de contenidos o los proveedores de servicios en línea. El relativo anonimato y la descentralización de las criptomonedas también las han convertido en una herramienta atractiva para el blanqueo de capitales, la evasión fiscal y las actividades ilegales, lo que ha suscitado la preocupación de gobiernos y reguladores de todo el mundo. La aparición de las criptomonedas ha suscitado un debate sobre el papel de los gobiernos y su autoridad sobre los sistemas monetarios. Los gobiernos tradicionales y los bancos centrales han mantenido durante mucho tiempo el monopolio de la política monetaria, utilizando técnicas como la manipulación de los tipos de interés y la flexibilización cuantitativa para influir en la actividad económica. La naturaleza descentralizada de las criptomonedas desafía este modelo tradicional, ya que permiten a las personas eludir los controles gubernamentales y las políticas monetarias. Las criptomonedas también ponen de manifiesto las debilidades potenciales de los sistemas tradicionales, como la necesidad de intermediarios y cámaras de compensación en las transacciones financieras. Esto ha llevado a algunos gobiernos a considerar el desarrollo de sus propias monedas digitales, tanto para competir con las criptomonedas existentes como para mantener el control sobre la política monetaria. Otros gobiernos han adoptado una postura más cauta, al considerar las criptomonedas una amenaza para sus sistemas económicos actuales. Es difícil exagerar el impacto que las criptomonedas han tenido en la economía mundial en los últimos años. Han trastornado los modelos económicos tradicionales, los sistemas de inversión y el papel de los gobiernos en la regulación de la política monetaria. A medida que la tecnología siga evolucionando, es probable que las criptomonedas continúen siendo una fuente tanto de innovación como de controversia, presentando tanto oportunidades como retos para particulares, empresas y responsables políticos de todo el mundo. Aunque no cabe duda de que la aparición de las criptomonedas ha alterado el panorama económico mundial, aún no está claro cuál será su impacto definitivo. Aún está por ver si las criptomonedas representan un cambio fundamental en la forma en que intercambiamos valor o si seguirán siendo una tecnología de nicho con aplicaciones limitadas. Está claro que a medida que la tecnología siga desarrollándose, continuará siendo un área de cambio dinámico e innovación en la economía mundial.

VIII. EL FUTURO DE LAS CRIPTOMONEDAS

A medida que las criptomonedas siguen ganando aceptación y uso, su futuro es aún incierto, pero está claro que desempeñarán un papel clave en la configuración del futuro de la economía mundial. Una de las tendencias más notables en el ámbito de las criptomonedas es su creciente adopción por parte de instituciones como empresas financieras y gobiernos. Esto ocurre porque reconocen los beneficios potenciales de una moneda digital descentralizada que opera al margen de las instituciones financieras tradicionales. Los avances tecnológicos, como el aumento de la escalabilidad, la interoperabilidad y las características de privacidad, están haciendo que las criptomonedas sean más prácticas y fácil de usar, lo que está impulsando una mayor adopción por parte del público en general. Uno de los principales retos para las criptomonedas ha sido la incertidumbre regulatoria. Dado que las criptomonedas están descentralizadas y operan con independencia del control gubernamental, sus entornos normativos aún están evolucionando, y los distintos países y regiones adoptan distintos enfoques para su regulación. Esto ha creado incertidumbre tanto para las empresas como para los usuarios, lo que ha obstaculizado la adopción y ralentizado el crecimiento de los mercados de criptomonedas. Las recientes iniciativas de gobiernos y organismos reguladores sugieren que esto está cambiando. Algunos países, como Japón, han creado marcos reguladores para las criptomonedas, mientras que otros están explorando la posibilidad de desarrollar sus propias monedas digitales. Estos esfuerzos sugieren que los reguladores están reconociendo los beneficios potenciales de las criptomonedas y están trabajando para crear un entorno que apoye su crecimiento y desarrollo. Otro ámbito en el que las criptomonedas están teniendo un gran impacto es en el sistema financiero mundial, donde están desafiando el dominio de las divisas y los sistemas de pago tradicionales. Las criptomonedas ofrecen una forma más rápida, barata y eficiente de realizar transacciones transfronterizas, sin necesidad de intermediarios como bancos o procesadores de pagos. Esto puede suponer un importante ahorro de costes tanto para las empresas como para los particulares, así como una mayor inclusión financiera para las personas que no tienen acceso a los servicios bancarios o infrabancarizados. Las criptomonedas también ofrecen un nivel de transparencia y seguridad incomparable con los sistemas de pago tradicionales, lo que puede ayudar a reducir el fraude y aumentar la confianza entre las partes. Quizá una de las aplicaciones potenciales más interesantes de las criptomonedas sea el desarrollo de nuevos modelos de negocio y casos de uso innovadores. Al eliminar intermediarios y permitir transacciones directas entre iguales, las criptomonedas tienen el potencial de alterar una amplia gama de sectores, desde las finanzas y la banca hasta la sanidad y la gestión de la cadena de suministro. Un ejemplo de ello es el auge de las finanzas descentralizadas, o DeFi, que utiliza contratos inteligentes y la tecnología blockchain para crear productos y servicios financieros descentralizados, como plataformas de préstamos y empréstitos, intercambios descentralizados y stablecoins. Otro

136

ejemplo es el desarrollo de sistemas de votación basados en blockchain, que podrían aumentar la participación de los votantes y garantizar la integridad de los resultados electorales. A medida que las criptomonedas siguen evolucionando y madurando, también surgen retos que hay que abordar. Uno de los más acuciantes es la escalabilidad. A medida que aumenta el número de usuarios de criptomonedas, la infraestructura de cadena de bloques existente puede sobrecargarse, lo que se traduce en lentitud en las transacciones y comisiones elevadas. Se están adoptando varios enfoques para abordar este problema, como el desarrollo de soluciones de capa dos, como la Lightning Network, y la transición a algoritmos de consenso más eficientes energéticamente, como el proof-of-stake.

Otro reto es crear un ecosistema minero más sostenible y económicamente viable. Actualmente, la minería de Bitcoin consume una cantidad significativa de energía, lo que ha suscitado preocupación por su impacto medioambiental y su sostenibilidad a largo plazo. En respuesta, algunas operaciones mineras han comenzado a utilizar fuentes de energía renovables, como la energía hidroeléctrica o geotérmica, para alimentar sus operaciones. También se está investigando el desarrollo de algoritmos de minería más eficientes energéticamente y mecanismos de consenso alternativos. Aunque el futuro de las criptomonedas sigue siendo incierto, una cosa está clara: han llegado para quedarse. Ofrecen una serie de beneficios potenciales, desde una mayor inclusión financiera y transparencia hasta modelos de negocio innovadores y nuevos casos de uso. A medida que su adopción y uso sigan creciendo, los gobiernos y los organismos reguladores tendrán que trabajar juntos para crear un entorno normativo sostenible y de apoyo, mientras que las empresas y los usuarios tendrán que adaptarse a las nuevas tecnologías y enfoques. Las criptomonedas tienen el potencial de remodelar la economía mundial de manera profunda, y las oportunidades y retos que ello conlleva no deben ignorarse ni subestimarse.

LAS CRIPTOMONEDAS EN EL FUTURO

Tienen una importancia significativa en la configuración del panorama financiero de la economía mundial. La evolución de la tecnología blockchain ha llevado a la creación de diversas monedas digitales que han ido ganando en los últimos años. Bitcoin, la primera y más importante criptodivisa, ha allanado el camino para la creación de una plétora de monedas digitales que utilizan tecnología descentralizada. Las criptodivisas tienen el potencial de alterar el sistema financiero tradicional ofreciendo una alternativa a la banca centralizada, plagada de corrupción e ineficiencias desde hace décadas. La naturaleza descentralizada de la tecnología blockchain que subyace a las criptomonedas permite que las transacciones sean transparentes, seguras e inmutables. A medida que el mundo avanza hacia una economía más digital, el futuro de las criptomonedas parece prometedor. Muchos expertos creen que las criptomonedas podrían llegar a ser más ampliamente aceptadas como medio de pago en el futuro. La mayor aceptación de las criptomonedas por parte de comerciantes y empresas facilitaría a los consumidores las transacciones con estas divisas digitales. Con el auge de las criptomonedas, también han surgido nuevas industrias como los criptopréstamos, los servicios financieros y el desarrollo de blockchain. El uso de criptomonedas como depósito de valor es otra vía que ha despertado gran interés en el mundo financiero. La escasez de algunas criptodivisas las hace atractivas como cobertura frente a la inflación y la devaluación de las monedas tradicionales. El futuro de las criptomonedas también trae consigo una serie de retos que deben abordarse para que se conviertan en la corriente dominante. Uno de los mayores retos es la regulación de las criptomonedas. Las criptomonedas han sido sinónimo de anonimato, lo que las ha hecho atractivas para los delincuentes. Este anonimato también ha dificultado a los gobiernos la regulación y el control de su uso. Algunos países han prohibido rotundamente el uso de criptomonedas, mientras que otros han adoptado un enfoque más comedido, regulándolas dentro de los marcos financieros existentes. La falta de uniformidad en las normativas de los distintos países ha dificultado la actividad de las empresas en el ámbito de las criptomonedas. Algunos expertos creen que la creación de un marco regulador mundial para las criptomonedas podría ayudar a resolver este problema. Otro reto al que se enfrenta la adopción generalizada de las criptomonedas es su escalabilidad. Bitcoin, la moneda digital más conocida, ha tenido problemas de escalabilidad. A medida que crece el número de transacciones en la red blockchain, también aumenta el tiempo que tardan en procesarse. Esto ha dado lugar a largos tiempos de espera y elevadas comisiones por transacción. El desarrollo de nuevas criptomonedas ha intentado resolver este problema utilizando diferentes estructuras de cadena de bloques que permiten transacciones más rápidas y baratas. La integración de nuevas tecnologías como la Lightning Network y soluciones fuera de la cadena podría ayudar a aumentar la escalabilidad de las criptomonedas. La sostenibilidad de las criptomonedas es otro motivo de preocupación. El consumo de energía necesario para minar criptomonedas ha sido un tema de debate durante años. El proceso de minería de monedas digitales requiere grandes cantidades de potencia de cálculo, lo que se traduce en un gran consumo de energía. La huella de carbono de la industria de las criptomonedas se ha comparado con la de países como Suecia y Argentina. Esto ha suscitado preocupación por el impacto medioambiental de las criptomonedas y su sostenibilidad a largo plazo. El desarrollo de nuevos protocolos de consenso que requieran menos consumo de energía podría ayudar a resolver este problema. El futuro de las criptomonedas está ligado al desarrollo de la tecnología blockchain. La cadena de bloques es la tecnología subyacente que permite que las transacciones sean transparentes, seguras e inmutables. Los usos potenciales de la tecnología blockchain son amplios y tienen el potencial de trastornar múltiples industrias. Las finanzas descentralizadas (DeFi) son uno de los ámbitos en los que se está utilizando la tecnología blockchain para crear nuevos productos y servicios financieros. El uso de contratos inteligentes en redes blockchain también está ganando terreno en diversos sectores, como la gestión de la cadena de suministro y la verificación de la identidad digital. El desarrollo de nuevas redes blockchain que ofrezcan mayor escalabilidad, seguridad y eficiencia será crucial en el futuro de las criptomonedas. El futuro de las criptomonedas tiene una gran importancia para configurar el panorama financiero de la economía mundial. Las criptomonedas tienen el potencial de perturbar el sistema financiero tradicional ofreciendo una alternativa a la banca centralizada, plagada de corrupción e ineficiencias desde hace décadas. Su aparición ha allanado el camino para la creación de nuevas industrias y ha atraído la atención de inversores y empresas por igual. La adopción generalizada de las criptomonedas se enfrenta a una serie de retos que deben abordarse, como la regulación, la escalabilidad, la sostenibilidad y el desarrollo de la tecnología blockchain. El uso de criptomonedas como medio de pago y como depósito de valor es muy prometedor para el futuro. La evolución de las criptomonedas seguirá atrayendo la atención de inversores, empresas y gobiernos, que tratan de comprender su impacto en la economía mundial.

EXPECTATIVAS DE NUEVOS AVANCES

Se especula mucho sobre el futuro de las criptomonedas. Los expertos creen que la tecnología que hay detrás de las criptomonedas tiene el potencial de revolucionar la forma en que realizamos las transacciones financieras. A medida que más personas empiecen a reconocer las ventajas de las criptomonedas, cabe esperar que se desarrollen sistemas más avanzados que ofrezcan aún más comodidad y seguridad. La tecnología blockchain que impulsa Bitcoin y otras criptomonedas ya se está utilizando en otras aplicaciones, y se prevé que se utilizará en muchas más en los próximos años. Otra expectativa para el futuro de las criptomonedas es que el mercado se regule más. En la actualidad, existen muy pocas normas para las criptomonedas, lo que ha provocado algunos problemas en el sector. Por ejemplo, ha habido casos de piratas informáticos que han robado grandes sumas de criptodivisas debido a la falta de medidas de seguridad. A medida que aumente el uso de las criptomonedas, es probable que los gobiernos y los organismos reguladores empiecen a supervisar más de cerca el mercado, lo que redundará en una mayor seguridad y estabilidad. Otro ámbito en el que cabe esperar nuevos avances en el futuro de las criptodivisas es el desarrollo de las stablecoins. Una stablecoin es un tipo de criptomoneda vinculada a un activo más estable, como el oro o el dólar estadounidense. El objetivo de las stablecoins es proporcionar un nivel de estabilidad en el mercado de las criptomonedas, actualmente plagado de altos niveles de volatilidad. Esto proporcionaría a los inversores un mercado más estable en el que invertir. Los expertos creen que las stablecoins serán más adoptadas tanto por las empresas como por los consumidores, debido a su estabilidad y facilidad de uso. Otra área de avance que se espera en el futuro de las criptodivisas es la incorporación de la inteligencia artificial (IA). La IA puede utilizarse para analizar grandes cantidades de datos y hacer predicciones sobre el comportamiento del mercado. Esto permitiría a los inversores tomar decisiones más informadas sobre cuándo comprar y vender criptodivisas. La IA también puede utilizarse para mejorar las medidas de seguridad de las criptomonedas, detectando y evitando transacciones fraudulentas antes de que se produzcan. Se espera que las criptomonedas se integren cada vez más en nuestra vida cotidiana. A medida que más empresas empiecen a adoptar las criptomonedas como forma de pago, podemos esperar ver la aparición de una sociedad sin dinero en efectivo. Esto supondría una mayor comodidad para los consumidores, que ya no tendrían que llevar encima dinero en efectivo o tarjetas de crédito. Las criptomonedas ofrecen la posibilidad de realizar más transacciones sin fronteras, permitiendo a la gente enviar y recibir dinero en todo el mundo con facilidad. Se espera que la adopción de criptomonedas por parte de empresas y consumidores aumente en el futuro, lo que impulsará aún más el crecimiento del mercado. Los avances en computación cuántica pueden suponer una amenaza para la seguridad de las criptomonedas. La computación cuántica es una nueva tecnología que se está desarrollando y que sería muchas veces más rápida que los ordenadores actuales. Esto podría utilizarse potencialmente para piratear sistemas blockchain, lo que provocaría el robo de grandes sumas de criptodivisas. Será necesario desarrollar medidas de seguridad más avanzadas para garantizar que las criptomonedas sigan siendo seguras.

El futuro de las criptomonedas está lleno de emoción y posibilidades. Hay muchas expectativas de nuevos avances en la tecnología, que seguirán cambiando la forma en que realizamos las transacciones financieras. Se espera que el mercado se regule más, que las stablecoins se adopten más ampliamente y que la inteligencia artificial desempeñe un papel más importante en las decisiones de inversión y las medidas de seguridad. Se espera que las criptomonedas se integren más en nuestra vida cotidiana, con el potencial de una sociedad sin dinero en efectivo. Habrá que abordar la amenaza potencial de la computación cuántica para garantizar que las criptomonedas sigan siendo seguras. El futuro de criptomonedas es brillante, y podemos esperar ver un crecimiento y desarrollo continuos de este nuevo y apasionante mercado.

PREDICCIONES SOBRE EL IMPACTO EN LA ECONOMÍA MUNDIAL

El impacto de las criptomonedas en la economía mundial sigue siendo objeto de debate, ya que los expertos ofrecen opiniones divergentes sobre el alcance de su influencia. Algunos defensores de las criptodivisas sostienen que podrían anunciar una revolución de las finanzas mundiales, mejorando la eficiencia y la transparencia al tiempo que crean un sistema más accesible e inclusivo. Sugieren que las criptomonedas podrían sustituir a los sistemas bancarios tradicionales y servir como mecanismo de capacitación económica. Otros, sin embargo, expresan su preocupación por la volatilidad y la naturaleza incontrolada de las nuevas criptomonedas, así como por su potencial para actividades ilícitas, como el blanqueo de dinero y la financiación del terrorismo. Algunos críticos sostienen que las criptomonedas tienen un uso práctico muy limitado más allá de la especulación de los inversores, cuestionando su viabilidad económica más amplia. Una de las posibles repercusiones de las criptomonedas en la economía mundial es su capacidad para facilitar los pagos y las transacciones transfronterizas. En teoría, las criptomonedas permiten transacciones instantáneas y sin fricciones, sin necesidad de intermediarios como bancos u otras instituciones financieras. Esta funcionalidad podría remodelar significativamente la forma en que se lleva a cabo el comercio internacional, especialmente en lo que respecta a las pequeñas empresas y los particulares. Podría eliminar las comisiones ocultas y reducir el tiempo y el coste de las transferencias transfronterizas, reduciendo los costes de las transacciones y aumentando la eficiencia de la economía mundial. Las criptomonedas tienen el potencial de abordar algunos de los problemas que actualmente afectan al sector mundial de las remesas. Según el Banco Mundial, los flujos de remesas a países de ingresos bajos y medios alcanzaron la friolera de 554.000 millones de dólares en 2019, y las remesas representan una fuente esencial de ingresos para muchos hogares. La industria sigue plagada de altas tarifas de transacción y largos tiempos de procesamiento. Los partidarios de las criptomonedas sugieren que podrían reducir drásticamente los costes de las transferencias transfronterizas y acelerar el procesamiento, permitiendo potencialmente que más dinero llegue a sus destinatarios y, en última instancia, impulsando el crecimiento económico general. Otro posible beneficio de las criptomonedas es su potencial para promover la inclusión financiera. Millones de personas en todo el mundo siguen sin estar bancarizadas, sin acceso a instituciones financieras formales, ya sea por su ubicación, por falta de documentación o por costes prohibitivos. Las monedas digitales podrían, en teoría, proporcionar a estos grupos una nueva infraestructura financiera, ofreciendo un medio de pago e inversión al margen de los sistemas bancarios tradicionales. Las criptomonedas no requieren identificación ni prueba de domicilio, lo que las hace accesibles a personas sin cuentas bancarias ni historial de crédito. Esto podría posibilitar una mayor inclusión financiera, permitiendo a más personas participar en la economía formal y desbloquear oportunidades económicas. Los críticos sostienen que el revuelo que rodea a las criptomonedas podría ser exagerado, sobre todo en lo que respecta a su aplicación práctica en la economía mundial. Por un lado, muchas criptomonedas aún no son aceptadas como forma de pago por los principales comerciantes, lo que limita su utilidad. La extrema volatilidad de los precios de las criptomonedas las convierte en un depósito de valor poco fiable y en una inversión arriesgada. Muchos inversores y operadores han sufrido pérdidas significativas debido a repentinas caídas del mercado, lo que pone en duda su estabilidad general y su viabilidad a largo plazo. Algunos sostienen que las criptomonedas se utilizan principalmente con fines especulativos, con relativamente pocas aplicaciones en el mundo real fuera de las inversiones y el comercio. Aunque las criptomonedas tienen potencial para transformar las finanzas y revolucionar la economía mundial, su aplicación práctica y su utilidad siguen siendo limitadas en el estado actual de desarrollo. Otra posible preocupación asociada a las monedas digitales es su potencial para actividades delictivas, como el blanqueo de capitales, la evasión fiscal o la financiación del terrorismo, lo que pone de relieve la necesidad de que los gobiernos y los organismos reguladores desarrollen marcos y mecanismos de supervisión más sólidos. Las criptomonedas ofrecen anonimato e imposibilidad de rastreo, por lo que es prácticamente imposible rastrear casos de uso ilícito sin una regulación adecuada. Los gobiernos y las autoridades se han esforzado por encontrar la mejor manera de regular y supervisar las criptomonedas para minimizar su impacto negativo en la economía mundial y promover la seguridad. Las criptomonedas han surgido como una fuerza nueva y disruptiva en la economía mundial con el potencial de remodelar significativamente las finanzas y el comercio. Sus defensores sostienen que podrían facilitar las transacciones transfronterizas, promover la inclusión financiera e impulsar el crecimiento económico eliminando ineficiencias y reduciendo costes. Los críticos señalan la falta de aplicaciones prácticas y la extrema volatilidad de los precios de las criptomonedas y destacan su potencial para alimentar actividades delictivas. En este momento, el futuro de estas monedas digitales en las finanzas mundiales sigue siendo incierto, y se necesita más innovación y regulación para desarrollar todo su potencial y mitigar sus riesgos. En el futuro será necesario encontrar un término medio entre la innovación de nuevos sistemas financieros mundiales de forma segura y, al mismo tiempo, asegurarse de que los riesgos potenciales no superan a los beneficios. Las criptomonedas han surgido como una nueva forma de moneda descentralizada que está desafiando los modelos tradicionales de banca, finanzas y comercio. Estas monedas digitales se basan en la tecnología blockchain, un sistema de registro descentralizado que permite realizar transacciones seguras y transparentes sin necesidad de intermediarios como bancos o gobiernos. Como resultado, las criptomonedas ofrecen un nuevo nivel de libertad financiera, privacidad y control sobre los propios activos. Las criptomonedas están cambiando las reglas de la economía mundial de varias maneras, entre ellas perturbando el sistema bancario tradicional, facilitando las transacciones transfronterizas y permitiendo nuevas formas de interacción económica. Uno de los efectos más significativos de las criptomonedas es su alteración del sistema bancario tradicional. Las criptomonedas permiten a las personas tener un control total sobre sus fondos sin depender de los bancos, que pueden tener comisiones ocultas, límites de transacción arbitrarios y otras restricciones. Esto es beneficioso para las personas que viven en países donde el sistema bancario es poco fiable o corrupto, ya que ahora pueden almacenar y transferir sus activos de forma independiente. Las criptomonedas también han facilitado a las pequeñas y medianas empresas el acceso a la financiación a través de ofertas iniciales de monedas (ICO) sin depender de las empresas tradicionales de capital riesgo que pueden tener términos y condiciones onerosos. Esto ha trastocado los modelos de financiación tradicionales y ha abierto nuevas oportunidades para que las startups obtengan financiación y hagan crecer sus negocios. Otra forma en que las criptomonedas están cambiando las reglas de la economía mundial es facilitando transacciones transfronterizas. En la actualidad, las transacciones transfronterizas son caras y lentas debido a la intervención de intermediarios como bancos, procesadores de pagos y organismos públicos. En cambio, las criptomonedas permiten transacciones entre pares más rápidas, baratas y seguras. Permiten a las empresas realizar transacciones transfronterizas sin necesidad de bancos u otros intermediarios, lo que resulta especialmente beneficioso en regiones donde el sistema bancario está poco desarrollado. Las criptomonedas también permiten a los particulares enviar dinero a sus familiares y amigos a través de las fronteras sin necesidad de costosos servicios de envío de remesas, que pueden tardar hasta varios días en completarse. Criptomonedas como Ethereum están permitiendo incluso la creación de plataformas descentralizadas para que las empresas realicen transacciones globales entre sí sin intermediarios. Las criptomonedas también están permitiendo nuevas formas de interacción económica que no eran posibles antes de su aparición. Con los contratos inteligentes, protocolos basados en blockchain que aplican automáticamente los términos de un contrato, particulares y empresas pueden realizar transacciones sin necesidad de intermediarios como abogados o servicios de custodia. Los contratos inteligentes tienen una amplia gama de aplicaciones, como la gestión de la cadena de suministro, los mercados descentralizados e incluso los sistemas de votación. Por ejemplo, la plataforma Augur, basada en blockchain, permite a los particulares crear y participar en mercados de predicción que pueden utilizarse para protegerse frente a acontecimientos futuros, como el resultado de unas elecciones, sin necesidad de intermediarios. Las criptomonedas también permiten la creación de organizaciones autónomas descentralizadas (DAO, por sus siglas en inglés), organizaciones que operan sobre la base de reglas codificadas en contratos inteligentes. Las DAO permiten a los individuos colaborar y crear empresas u organizaciones sin necesidad de jerarquías tradicionales ni propiedad centralizada. Aunque las criptomonedas tienen muchos beneficios potenciales, también presentan algunos inconvenientes y riesgos. Una de las principales preocupaciones asociadas a las criptomonedas es su posible uso para actividades ilegales como el blanqueo de dinero y la financiación del terrorismo. Las criptomonedas también son vulnerables a la piratería y el robo, como se vio en los incidentes de Mt. Gox y Coincheck, donde se robaron bitcoins por valor de cientos de millones de dólares. Muchas criptomonedas carecen de la estabilidad y seguridad de las monedas tradicionales debido a su volatilidad inherente y a la falta de regulación. Como resultado, muchos gobiernos y organismos reguladores todavía dudan en adoptar plenamente las criptomonedas y, en su lugar, están adoptando un enfoque cauteloso en cuanto a su regulación y aplicación. Las criptomonedas han surgido como una fuerza disruptiva en la economía mundial, desafiando los modelos tradicionales de banca, finanzas y comercio. Ofrecen un nuevo nivel de libertad financiera, privacidad y control sobre los propios activos, permitiendo nuevas formas de transacciones económicas y modelos de negocio. Las criptomonedas están cambiando las reglas de la economía mundial al facilitar las transacciones transfronterizas, abrir oportunidades de financiación para las nuevas empresas y permitir nuevas formas de interacción económica. También presentan algunos inconvenientes y riesgos, como su uso potencial para actividades ilegales y su susceptibilidad a la piratería y el robo. Mientras las criptomonedas siguen evolucionando y madurando, queda por ver cómo acabarán configurando el futuro de la economía mundial.

IX. RIESGO E INCERTIDUMBRE ASOCIADOS A LAS CRIPTOMONEDAS

El riesgo y la incertidumbre asociados a las criptomonedas han sido motivo de preocupación para muchos inversores y gobiernos. Uno de los principales riesgos es la volatilidad de su valor. Criptomonedas como Bitcoin y Ethereum han mostrado oscilaciones salvajes en su valor, con sus precios desplomándose o disparándose en cuestión de horas. Esta volatilidad dificulta la evaluación de su valor real. Los inversores que las compran están apostando esencialmente por su valor futuro sin ninguna certeza de lo que valdrán a largo plazo. La alta volatilidad de las criptomonedas también las hace vulnerables a los cambios repentinos en el sentimiento del mercado. Un cambio repentino en el sentimiento de los inversores puede desencadenar un desplome de los precios, con enormes pérdidas para los inversores. Otro riesgo importante asociado a las criptomonedas es el potencial de fraude. La naturaleza descentralizada de las criptomonedas las hace vulnerables a actividades fraudulentas como el robo cibernético, la piratería informática y los esquemas Ponzi. Las actividades fraudulentas pueden manipular el precio de las criptomonedas, creando distorsiones en el mercado. Uno de los fraudes más comunes relacionados con las criptomonedas son los esquemas de bombeo y descarga, en los que los operadores inflan artificialmente el precio de una criptomoneda mediante información engañosa y luego venden sus participaciones cuando el precio alcanza su punto máximo, lo que provoca el desplome del precio y deja a otros inversores con grandes pérdidas. Los riesgos de ciberseguridad también preocupan mucho a las criptomonedas. La tecnología Blockchain se considera segura, pero no es inmune a la piratería informática. El elevado valor de las criptomonedas las convierte en un objetivo atractivo para los piratas informáticos. Los piratas informáticos pueden aprovechar las vulnerabilidades de la red blockchain para robar criptomonedas o interrumpir las transacciones. En 2014, una de las mayores bolsas de criptomonedas del momento, Mt. Gox, fue pirateada, lo que provocó el robo de más de 850.000 bitcoins, valorados en aquel momento en aproximadamente 450 millones de dólares. Gox provocó importantes pérdidas a los inversores y puso de manifiesto la vulnerabilidad del sector de las criptomonedas a los ciberataques. Los riesgos reglamentarios también son importantes para las criptomonedas. Las criptomonedas están descentralizadas y funcionan con independencia de las autoridades centrales. Los gobiernos de todo el mundo están empezando a regularlas, lo que ha creado incertidumbre en el sector. Algunos países han prohibido totalmente el uso de criptomonedas, mientras que otros han implantado normativas para limitar su uso. Las normativas establecidas por los gobiernos pueden afectar a la adopción y el uso de las criptomonedas, así como a su valor. Por ejemplo, la represión de las criptomonedas en China en 2017 provocó una caída masiva de los precios del Bitcoin y otras criptomonedas. La falta de adopción generalizada es otro riesgo importante asociado a las criptomonedas. Las criptomonedas siguen siendo una tecnología relativamente nueva, y su adopción ha sido lenta, especialmente en comparación con otras tecnologías dominantes. Aunque cada vez más comerciantes y empresas aceptan criptomonedas como forma de pago, la tasa de adopción general sigue siendo baja. La adopción es fundamental para el éxito a largo plazo de las criptomonedas porque aumentará su uso y demanda, lo que a su vez se traducirá en un mayor valor. La lenta adopción de las criptomonedas puede atribuirse a varios factores, como su complejidad, la falta de concienciación, la incertidumbre normativa y la volatilidad. Los riesgos identificados anteriormente no son exhaustivos, pero ilustran algunos de los problemas críticos asociados a las criptomonedas. Para mitigar estos riesgos, los gobiernos y los responsables políticos deben desarrollar normativas y directrices claras para el sector. Una normativa clara ayuda a reducir la incertidumbre y da confianza a los inversores en el mercado. Los gobiernos también pueden impulsar la adopción de criptomonedas ofreciendo incentivos a las empresas para que las acepten como medio de pago o creando plataformas que faciliten a los particulares la compra, el almacenamiento y el uso de criptomonedas. Los inversores particulares también pueden gestionar los riesgos asociados a las criptomonedas comprendiendo la tecnología y siendo conscientes de la dinámica del mercado. Una de las formas más eficaces de reducir los riesgos asociados a las criptomonedas es la diversificación. Los inversores no deben poner todos los huevos en la misma cesta invirtiendo en una sola criptodivisa. Por el contrario, deberían repartir sus inversiones entre varias criptomonedas y otras clases de activos. La diversificación ayuda a reducir el riesgo de pérdida asociado a una sola inversión. Las criptomonedas han surgido como alternativa a las divisas tradicionales y tienen el potencial de cambiar las reglas de la economía mundial. No pueden ignorarse los riesgos e incertidumbres asociados a ellas. La alta volatilidad, el potencial de fraude, los riesgos de ciberseguridad, la incertidumbre regulatoria y la lenta tasa de adopción son algunas de las preocupaciones significativas relacionadas con las criptodivisas. Para mitigar estos riesgos, los gobiernos y los responsables políticos deben desarrollar normativas, directrices e incentivos claros para apoyar el crecimiento del sector. Al mismo tiempo, los inversores deben diversificar sus inversiones y comprender la tecnología y la dinámica del mercado para reducir sus riesgos y tomar decisiones informadas sobre la inversión en criptomonedas. La aparición de las criptomonedas presenta tanto oportunidades como retos, y corresponde a los inversores y a los responsables políticos navegar por estas aguas con prudencia.

RIESGOS DE LA INVERSIÓN EN CRIPTOMONEDAS

Aunque las criptomonedas ofrecen muchas oportunidades, también conllevan riesgos considerables que los inversores deben conocer. En primer lugar, la volatilidad de las criptomonedas representa uno de los riesgos más importantes a los que se enfrentan los inversores. Las criptomonedas son conocidas por la volatilidad de sus precios, que pueden generar grandes beneficios o graves pérdidas. El mercado carece en gran medida de regulación, y las fluctuaciones se basan en las fuerzas de la oferta y la demanda del mercado, lo que las hace más impredecibles que las inversiones tradicionales. Los precios pueden cambiar rápidamente, a menudo en cuestión de minutos, debido a una serie de factores, como las noticias, los cambios generales del mercado o las modificaciones de la tecnología de cadena de bloques subyacente. Como resultado, cualquier inversor que invierta en criptomonedas debe estar dispuesto a soportar grandes oscilaciones de precios y se le aconseja que se abstenga de invertir más de lo que pueda permitirse perder.

En segundo lugar, la piratería y el robo de criptomonedas son incidentes comunes que suponen un gran riesgo para los inversores. Dado que las criptomonedas sólo existen en forma digital, pueden almacenarse en carteras digitales, bolsas o carteras de hardware. Estos métodos de almacenamiento están abiertos a los ciberataques, lo que hace a los inversores susceptibles de sufrir el robo de sus activos. Se han dado numerosos casos de pirateo de bolsas, que han provocado enormes pérdidas a los inversores. Los inversores siempre deben tener cuidado al almacenar sus criptomonedas, optar por bolsas de confianza y proteger sus claves privadas. En tercer lugar, la naturaleza especulativa de las criptomonedas dificulta la determinación de su valor intrínseco. A diferencia de las inversiones tradicionales, como las acciones y los bonos, las criptomonedas carecen de fundamentos claros que se utilicen para determinar su valor intrínseco. para evaluar el valor. En cambio, sus precios vienen determinados por el nivel de oferta y demanda en el mercado, los casos de uso en el mundo real y la especulación de los inversores. Los inversores deben entender que las criptomonedas no están respaldadas por gobiernos o bancos centrales y que su valor no está garantizado, lo que las convierte en una opción de inversión más arriesgada.

En cuarto lugar, la creciente supervisión reguladora de las criptomonedas añade otra dimensión de riesgo para los inversores potenciales. Muchos países han empezado a introducir normativas destinadas a regular las criptomonedas para evitar el blanqueo de dinero, la evasión fiscal y el fraude. Por ejemplo, en EE.UU., la Comisión del Mercado de Valores (SEC) ha adoptado una postura más dura con las criptomonedas, declarando la mayoría de ellas como valores, lo que significa que están sujetas a las leyes federales que se aplican a los valores tradicionales. Esto ha dificultado la negociación de algunas criptomonedas en las bolsas y ha introducido incertidumbre en el mercado. Las leyes que rodean a las criptomonedas siguen evolucionando, lo que significa que el entorno normativo podría cambiar continuamente, lo que afectará al valor de las criptomonedas. Otro riesgo que los inversores deben tener en cuenta es el riesgo técnico de las criptomonedas. La tecnología blockchain subyacente aún está en pañales, y muchas empresas basadas en blockchain todavía están averiguando cómo escalar y mejorar su tecnología. Esto significa que siempre existe la posibilidad de que la tecnología de una empresa falle o se quede obsoleta, haciendo que su criptodivisa subyacente carezca de valor. Este fue el caso del hackeo de Mt. Gox en 2014, que condujo a la quiebra de la empresa y a enormes pérdidas para los inversores. Los inversores deben entender la tecnología que sustenta una criptodivisa en particular y su potencial de crecimiento a largo plazo antes de invertir su dinero. Invertir en criptomonedas presenta riesgos legales y de reputación. Las criptomonedas siguen siendo vistas con recelo por muchos particulares e instituciones financieras tradicionales. Esto, unido a la falta de regulación, las convierte en un objetivo atractivo para los delincuentes que tratan de utilizarlas para actividades ilícitas como el blanqueo de capitales y la financiación del terrorismo. Estas asociaciones pueden poner en peligro la reputación de los inversores, que deben, por tanto, comprender que la pérdida de reputación puede suponer pérdidas más allá de las financieras. Los riesgos legales también surgen de la reacción de los reguladores ante el cripto, lo que incluye a los organismos encargados de hacer cumplir la ley. Algunas jurisdicciones prohíben o restringen el intercambio de criptodivisas, por lo que es ilegal comerciar con ellas o poseerlas. Esto puede llevar a que los inversores sean procesados o multados. Aunque las criptomonedas ofrecen muchas oportunidades potenciales a los inversores, conllevan riesgos considerables que deben tenerse muy en cuenta. La volatilidad de las criptomonedas, la piratería informática y los robos, la falta de valor intrínseco, la supervisión reglamentaria, el riesgo técnico, el riesgo para la reputación y los riesgos jurídicos deben tenerse en cuenta antes de invertir en ellas. Aunque no todos los riesgos pueden predecirse o evitarse, los inversores deben estar informados de estos riesgos, tener un conocimiento exhaustivo de la criptomoneda en la que invierten y mitigarlos mediante consideraciones cuidadosas de diligencia debida, estrategias adecuadas y diversificación. Los inversores deben comprender que las criptomonedas no son una forma de enriquecerse rápidamente, sino una opción de inversión a largo plazo que requiere paciencia, disciplina y voluntad de capear la volatilidad del mercado.

INCERTIDUMBRE EN TORNO A LA NORMATIVA

Una de las preocupaciones más destacadas en torno a las criptomonedas es la falta de supervisión reguladora. Dado que las criptomonedas operan al margen del sistema financiero tradicional, los gobiernos se han esforzado por determinar cómo regular su uso y prevenir las actividades fraudulentas. La naturaleza descentralizada de estas monedas dificulta a los reguladores la supervisión y el seguimiento de las transacciones, lo que ha generado incertidumbre en el mercado. Mientras que algunos países han adoptado un enfoque más proactivo en materia de regulación, como Japón y Suiza, la mayoría de los gobiernos han adoptado un enfoque de espera o han prohibido las criptomonedas por completo. La falta de claridad normativa también ha creado incertidumbre en las empresas que desean incorporar criptomonedas a sus operaciones. Sin unas directrices claras sobre cómo navegar por el entorno legal y financiero, las implicaciones del uso de criptomonedas, muchas empresas han optado por mantenerse al margen de este mercado. Esto ha obstaculizado la adopción generalizada de las criptomonedas y ha ralentizado su impacto potencial en la economía mundial.

La falta de regulación ha hecho de las criptomonedas una opción atractiva para actividades ilícitas, como el blanqueo de capitales y la financiación del terrorismo. El anonimato y el seudonimato de las transacciones dificultan a las fuerzas de seguridad el seguimiento y la identificación de los implicados en actividades ilegales. Como resultado, la percepción pública de las criptomonedas ha sido a menudo negativa, y muchos las asocian con actividades delictivas. A pesar de estas preocupaciones, algunos sostienen que la falta de regulación es fundamental para el éxito de las criptomonedas. La naturaleza descentralizada de estas monedas se diseñó para eliminar la necesidad de intermediarios y de supervisión gubernamental. Sus defensores sostienen que la regulación ahogaría la innovación y limitaría el potencial de las criptomonedas para remodelar el sistema financiero. Señalan el éxito de criptomonedas como Bitcoin, que ha funcionado en gran medida sin supervisión gubernamental desde su lanzamiento en 2009. La reciente explosión de las ofertas iniciales de monedas (OIC) ha suscitado nuevas preocupaciones sobre la necesidad de regulación. Las OIC permiten a las empresas recaudar fondos mediante la emisión de fichas digitales que pueden intercambiarse por criptomonedas. Aunque algunas de estas ofertas han tenido éxito, muchas se han asociado a actividades fraudulentas y estafas. La falta de supervisión y rendición de cuentas en este mercado ha hecho temer que los inversores corran el riesgo de perder sus fondos. En respuesta, algunos gobiernos han tomado medidas para regular las ICO y otros aspectos del mercado de criptomonedas. La Comisión del Mercado de Valores de Estados Unidos (SEC) se ha mostrado especialmente activa en este ámbito, publicando directrices sobre cómo deben clasificarse y regularse las ICO. Esto ha llevado a algunos a predecir que una mayor supervisión gubernamental es inevitable a medida que el mercado de las criptomonedas sigue creciendo. La falta de claridad normativa también ha planteado retos a las empresas que desean adoptar la tecnología blockchain. Blockchain es la tecnología subyacente

164

que impulsa las criptomonedas y tiene aplicaciones potenciales en una serie de industrias, desde las finanzas a la atención sanitaria y la gestión de la cadena de suministro. La falta de normas y reglamentos claros ha dificultado que las empresas determinen cómo incorporar esta tecnología a sus operaciones.

A pesar de estos desafíos, los beneficios potenciales de blockchain y criptomonedas han llevado a algunos gobiernos y empresas a invertir fuertemente en estas tecnologías. En un movimiento que sorprendió a muchos en la industria, China anunció en 2019 que estaba planeando lanzar su propia moneda digital, en parte para contrarrestar el aumento de criptodivisas como Bitcoin. Este movimiento refleja el creciente reconocimiento entre los gobiernos de todo el mundo de que las criptodivisas y la tecnología blockchain están aquí para quedarse. La falta de claridad normativa en torno a las criptomonedas ha creado incertidumbre en el mercado.

Mientras algunos argumentan que la falta de regulación es fundamental para el éxito de las criptomonedas, otros señalan la necesidad de responsabilidad y supervisión para evitar actividades fraudulentas y proteger a los inversores. Si el mercado de las criptomonedas sigue creciendo y evolucionando, es probable que los gobiernos continúen lidiando con la forma de regular estas tecnologías nuevas y disruptivas. El futuro de las criptomonedas y de la tecnología blockchain dependerá de cómo se aborden estos retos y de si los gobiernos pueden encontrar el equilibrio adecuado entre innovación y regulación.

FORMAS DE GESTIONAR LOS RIESGOS ASOCIADOS A LAS CRIPTOMONEDAS

Con el creciente interés por las criptomonedas, también han aumentado los riesgos potenciales asociados a su uso. Estos riesgos pueden ir desde la volatilidad de los precios y la manipulación del mercado hasta los ciberataques y las estafas. Es importante comprender las formas de gestionar estos riesgos y proteger a uno mismo al participar en el mercado de criptomonedas. Una forma de gestionar los riesgos asociados a las criptomonedas es mediante una investigación adecuada. Es esencial conocer bien la tecnología que hay detrás de la criptodivisa, lo que puede ayudar a identificar riesgos potenciales. Por ejemplo, entender el mecanismo de consenso que hay detrás de una criptomoneda concreta, como el proof-of-work o el proof-of-stake, puede ayudar a identificar los riesgos de seguridad a los que podría enfrentarse. Del mismo modo, conocer el código base de la criptomoneda y el equipo que la respalda puede ayudar a evaluar su fiabilidad y sus posibles vulnerabilidades. Los entusiastas de las criptomonedas también deberían considerar el seguimiento de la capitalización de mercado de la criptomoneda, los volúmenes de negociación y las tasas de adopción. Otra forma de gestionar los riesgos asociados a las criptomonedas es mediante la diversificación. Invertir en una sola criptodivisa puede ser arriesgado, ya que puede verse afectada por diversos factores, como la normativa gubernamental, la manipulación del mercado o los incidentes de piratería informática. En su lugar, repartir las inversiones entre diferentes criptomonedas puede ayudar a mitigar el riesgo de pérdidas. La diversificación también puede ayudar a los inversores a aprovechar las distintas características de las criptomonedas, como la velocidad, la escalabilidad, el apoyo de la comunidad y los casos de uso. En tercer lugar, el almacenamiento adecuado de las criptomonedas también puede minimizar los riesgos asociados a ellas. Dado que las criptomonedas son activos digitales, pueden ser susceptibles de robo o pérdida, especialmente en los casos en que se almacenan en carteras vulnerables o se intercambian en plataformas inseguras. Los monederos de criptomonedas que utilizan un cifrado fuerte y autenticación de dos factores pueden proporcionar seguridad adicional. Los monederos físicos offline, como Ledger y Trezor, también pueden ofrecer una forma segura de almacenar criptomonedas. También es fundamental aprender a realizar copias de seguridad de los datos del monedero y garantizar su recuperación en caso de fallo o pérdida del dispositivo. En cuarto lugar, los inversores también deben tener en cuenta las normas y reglamentos aplicables a las criptodivisas. Cada país tiene una legislación diferente sobre el uso de criptodivisas. Algunos países han decidido prohibir totalmente el uso de criptodivisas, mientras que otros han introducido normativas para frenar algunos riesgos potenciales. Investigar la legislación local y seguir las directrices pertinentes puede ayudar a evitar problemas legales y posibles pérdidas.

Es fundamental estar alerta ante posibles estafas y operaciones fraudulentas. Las estafas con criptomonedas pueden adoptar muchas formas, como ICO fraudulentas, esquemas Ponzi, monederos falsos y ataques de phishing, entre otros. Los inversores deben estar atentos a las señales de advertencia, como promesas de rendimientos garantizados, mensajes no solicitados de fuentes desconocidas o solicitudes de información personal. También deben llevar a cabo la diligencia debida sobre los equipos del proyecto y consultar con fuentes de confianza antes de invertir su dinero o divulgar información sensible. Las criptomonedas representan una oportunidad de inversión interesante pero arriesgada. Al igual que con cualquier otra inversión, es esencial llevar a cabo una investigación cuidadosa, diversificar las inversiones, asegurar los fondos, seguir las leyes y reglamentos, y mantenerse alerta ante posibles fraudes. Las criptomonedas siguen siendo una clase de activos emergente, y su futuro regulatorio es incierto. Es importante gestionar los riesgos asociados a ellas con cautela y sensatez mientras se participa en un mercado de criptomonedas que está cambiando rápidamente las reglas de la economía mundial. A pesar de los retos y las incertidumbres, las criptomonedas ofrecen muchas oportunidades, como facilitar transacciones transfronterizas más baratas y rápidas, potenciar nuevos modelos de negocio y promover la inclusión financiera. Como tales, las criptomonedas pueden considerarse parte integrante del futuro de las finanzas mundiales, y merece la pena seguir de cerca su adopción y evolución. Las criptomonedas se han convertido en un tema candente en los últimos años debido a su rápida aparición y a los cambios que ya están introduciendo en la economía mundial. Las criptodivisas son monedas digitales o virtuales que utilizan la criptografía con fines de seguridad y funcionan con independencia de un banco central. Bitcoin es la más popular y valiosa de estas monedas y se utiliza con frecuencia para representar a todas las criptodivisas. Las criptodivisas son todavía relativamente nuevas y aún no se ha explotado todo su potencial. Su influencia en la economía ya es evidente y están cambiando las reglas tradicionales de las finanzas. Una de las formas más significativas en que las criptomonedas están cambiando la economía es alterando el sistema bancario tradicional. La capacidad de transferir fondos de forma instantánea y segura a través de las fronteras sin necesidad de intermediarios como los bancos tiene el potencial de ahorrar miles de millones de dólares en comisiones de transacción y hacer que las transacciones financieras sean accesibles a los no bancarizados. Esto es especialmente importante en los países subdesarrollados, donde el acceso a las formas tradicionales de financiación es limitado o inexistente. Las criptomonedas también están obligando a los bancos a reevaluar sus actuales modelos de negocio y a encontrar formas de competir en un mundo cada vez más digital. Otro impacto significativo que las criptomonedas están teniendo en la economía mundial es en el ámbito del comercio internacional. Las criptomonedas tienen el potencial de revolucionar el comercio internacional al permitir la creación de una moneda única mundial que no esté vinculada a ningún país en particular. Esto eliminaría la necesidad de tipos de cambio y haría más eficiente el comercio internacional. Es importante señalar que la adopción de criptomonedas para el comercio internacional está todavía en sus primeras etapas, y hay retos significativos que deben superarse, como las preocupaciones sobre la estabilidad de los precios de las criptomonedas. La aparición de las criptomonedas también ha propiciado el desarrollo de nuevas formas de recaudación de fondos. Las Ofertas Iniciales de Monedas (ICO) son un tipo de crowdfunding que utiliza criptomonedas para recaudar fondos para nuevos proyectos o start-ups. Las OIC se han convertido rápidamente en una alternativa popular a las formas tradicionales de recaudación de fondos, ya que ofrecen más flexibilidad y un rendimiento potencialmente mayor para los inversores. Existe preocupación por la falta de regulación en el mercado de las ICO, que ha dado lugar a algunos esquemas fraudulentos y estafas. El impacto de las criptomonedas en la economía mundial no se limita al sector financiero. El aumento de las criptomonedas también ha propiciado la aparición de nuevos modelos de negocio y tecnologías innovadoras. La tecnología Blockchain, que es la tecnología subyacente a las criptomonedas, tiene el potencial de transformar múltiples sectores, como la sanidad, la gestión de la cadena de suministro y el sector inmobiliario. La tecnología Blockchain ofrece mayor transparencia, seguridad y trazabilidad, lo que la convierte en una opción atractiva para los sectores que requieren una gestión de datos segura y eficiente. Las criptomonedas también están transformando la forma en que las personas y las empresas conciben el dinero y el valor. La naturaleza descentralizada de las criptomonedas significa que no están sujetas a las mismas presiones inflacionistas que las monedas fiduciarias tradicionales, que a menudo están sujetas a la manipulación gubernamental. Esto ha llevado a la creación de una nueva clase de activos que no está vinculada a los sistemas financieros tradicionales. Las criptomonedas ofrecen a particulares y empresas un depósito de valor alternativo que no está sujeto a la misma volatilidad que los activos tradicionales, como las acciones y los bonos. También hay retos asociados al emergente mundo de las criptomonedas. Uno de los mayores retos es la falta de regulación del mercado. Actualmente, las criptomonedas y las OIC están sujetas a una supervisión reglamentaria mínima, lo que ha suscitado preocupación por el fraude, el blanqueo de capitales y la financiación del terrorismo. Los reguladores tienen dificultades para seguir el rápido ritmo de la innovación, y existe el riesgo de que las criptomonedas se utilicen para actividades ilegales si no se controlan.

Otro reto es la escalabilidad de las criptomonedas. La infraestructura actual de la mayoría de las criptomonedas aún no es capaz de gestionar el volumen de transacciones necesario para su adopción generalizada. Esto ha suscitado preocupación por la lentitud del procesamiento y las elevadas comisiones de transacción asociadas al uso de criptomonedas para transacciones cotidianas. Las criptomonedas son una fuerza disruptiva que está cambiando las reglas tradicionales de la economía mundial. Tienen el potencial de revolucionar la forma en que se realizan las transacciones financieras y perturbar el sistema bancario existente. Las criptomonedas también están cambiando la forma en que las personas y las empresas piensan sobre el dinero y el valor. Como ocurre con cualquier nueva tecnología o innovación, son retos que hay que superar, como los problemas normativos y de escalabilidad. Será fascinante ver cómo el mundo de las criptomonedas sigue evolucionando y dando forma a la economía mundial en los próximos años.

X. CRIPTOMONEDAS Y ACTIVIDADES FRAUDULENTAS

La relación entre las criptomonedas y las actividades fraudulentas es compleja y a menudo controvertida. cuestión. Por un lado, las criptomonedas han sido elogiadas por su potencial para mejorar la privacidad y la seguridad financieras, mientras que, por otro, han sido criticadas por facilitar las transacciones ilegales y contribuir a la delincuencia financiera. Una de las principales preocupaciones en relación con el vínculo entre las criptomonedas y las actividades fraudulentas es el hecho de que estos activos digitales no están sujetos al mismo nivel de regulación y supervisión que los instrumentos financieros tradicionales. Esta falta de regulación ha creado un entorno propicio para la explotación por parte de defraudadores, blanqueadores de dinero y otros delincuentes que tratan de aprovechar el anonimato y la descentralización de criptomonedas como Bitcoin, Ethereum y Litecoin. Una de las fuentes más importantes de fraude con criptomonedas ha sido la proliferación de las ICO (Initial Coin Offerings). Las ICO son un mecanismo de recaudación de fondos que permite a particulares y empresas obtener capital mediante la venta de fichas o monedas digitales a cambio de criptomoneda o moneda fiduciaria. Si bien algunas ICO han logrado recaudar fondos para proyectos legítimos, muchas han quedado al descubierto como estafas y, como consecuencia, los inversores han perdido millones de dólares. Una de las principales razones por las que las ICO son tan susceptibles al fraude es que en gran medida no están reguladas, y hay pocas salvaguardias para evitar que los actores fraudulentos se aprovechen de los inversores crédulos. El fraude en las OIC suele consistir en promesas de altos rendimientos de la inversión mediante la venta de valores no registrados, información falsa o engañosa sobre el proyecto y el robo descarado de los fondos de los inversores. Otro ámbito en el que las criptomonedas se han asociado a actividades fraudulentas es el uso de las bolsas de criptomonedas. Las bolsas de criptomonedas son plataformas en línea que permiten a los usuarios comprar y vender activos digitales. Aunque estas bolsas pueden ofrecer una forma cómoda y accesible de invertir en criptomonedas, también son un objetivo popular para los ciberdelincuentes. Los piratas informáticos han robado decenas de millones de dólares de las bolsas de criptomonedas en los últimos años, aprovechando vulnerabilidades en sus protocolos de seguridad y robando activos de las carteras digitales de los usuarios. Algunas bolsas de criptomonedas han sido acusadas de participar en actividades fraudulentas, como la manipulación de precios, el uso de información privilegiada o la tergiversación de los volúmenes de negociación. No todos los fraudes con criptomonedas son cometidos por actores externos. También ha habido casos de fraude y mala gestión dentro de proyectos y empresas específicos de criptomoneda. Por ejemplo, la DAO (Organización Autónoma Descentralizada) era un proyecto basado en Ethereum que se suponía que era un fondo de capital riesgo descentralizado gestionado enteramente en la blockchain. Se reveló que el sistema era vulnerable a un fallo en su código de contrato inteligente, y un hacker fue capaz de robar más de 50 millones de dólares en Ethereum del fondo del proyecto. Del mismo modo, varias bolsas de criptomonedas de alto perfil han sufrido fraudes internos y mala gestión, como la bolsa canadiense QuadrigaCX, que perdió activos por valor de 190 millones de dólares debido a la muerte de su consejero delegado, que era la única persona con acceso a los monederos fríos de la empresa. Es poco probable que el vínculo entre las criptomonedas y las actividades fraudulentas desaparezca pronto, dado el continuo crecimiento y la popularidad de estos activos digitales. Se pueden tomar medidas para mitigar los riesgos asociados al fraude de las criptomonedas y proteger a los inversores y usuarios. Una de ellas es aumentar la regulación y la supervisión del sector de las criptomonedas. Esto podría incluir la exigencia de que las ICO se registren en los organismos reguladores, la imposición de auditorías de seguridad para los intercambios de criptomonedas y la imposición de una serie de sanciones por actividades fraudulentas o ilegales. Estas regulaciones deben equilibrarse con la necesidad de mantener el potencial descentralizado y democratizador de las criptomonedas, y hay que tener cuidado de no sofocar la innovación ni obstaculizar el crecimiento del sector.

Otra posible solución al fraude con criptomonedas es el desarrollo de mejores protocolos y tecnologías de seguridad. Por ejemplo, algunos proyectos están explorando el uso de sistemas de verificación de identidad basados en blockchain para evitar las ICO fraudulentas y confirmar las identidades de los usuarios en las bolsas de criptomonedas. Otros proyectos están estudiando el desarrollo de carteras digitales más seguras y fáciles de usar que dificulten a los piratas informáticos el robo de fondos. Algunos expertos han propuesto el uso de un mecanismo de seguro descentralizado que proporcionaría una compensación a los usuarios si sus fondos fueran robados en un hackeo o fraude. El auge de las criptomonedas ha traído consigo una nueva serie de retos y preocupaciones, especialmente en relación con las actividades fraudulentas. Aunque las criptomonedas tienen potencial para revolucionar la economía mundial y crear nuevas oportunidades de innovación y crecimiento, también son vulnerables a la explotación por parte de defraudadores y delincuentes que tratan de aprovecharse de la naturaleza no regulada y relativamente desconocida del sector. Para hacer frente a estos retos, es necesario un enfoque múltiple, que incluya una mayor regulación, mejores medidas de seguridad y el desarrollo de nuevas tecnologías y protocolos que puedan ayudar a proteger a los inversores y usuarios del fraude y la mala gestión. Sólo adoptando un enfoque proactivo y colaborativo podremos aprovechar plenamente el potencial de las criptomonedas y minimizar sus riesgos.

USO DE CRIPTOMONEDAS EN ACTIVIDADES FRAUDULENTAS

Las criptomonedas han sido objeto de interminables discusiones, debates y controversias en los últimos años. Mientras que sus defensores han alabado las ventajas de los sistemas financieros descentralizados y seguros, otros han expresado su preocupación por su posible uso indebido para actividades ilegales y fraudulentas. El uso de criptomonedas en diversas actividades ilegales como el blanqueo de dinero, la financiación del terrorismo y el tráfico de drogas está bien documentado. La cantidad perdida en actividades fraudulentas relacionadas con las criptomonedas sigue siendo asombrosa. Los estafadores y los ciberdelincuentes no han tardado en aprovechar el anonimato y la descentralización de las criptomonedas como herramienta para sus actividades maliciosas. Las criptomonedas permiten a los usuarios realizar transacciones de forma anónima, sin necesidad de intermediarios ni supervisión reguladora. Esta falta de autoridad y control central facilita la realización de actividades fraudulentas sin temor a ser descubiertos o procesados. Una de las formas más comunes en que los estafadores han estado utilizando las criptomonedas es a través de las ofertas iniciales de monedas (ICO). Las ICO se utilizan esencialmente para recaudar fondos para nuevas empresas de criptomonedas. Los inversores compran una nueva criptomoneda, con la esperanza de que su valor aumente, y los beneficios se obtendrán a través de la venta de la criptomoneda en una etapa posterior. Por desgracia, muchas ICO han resultado ser fraudes, en los que la supuesta empresa nunca llega a buen puerto y los inversores acaban perdiendo su dinero. Otra forma en que los estafadores han estado haciendo un uso indebido de las criptomonedas es a través de ataques de phishing y estafas de inversión en criptomonedas. En los ataques de phishing, los ciberdelincuentes envían correos electrónicos o mensajes fraudulentos, haciéndose pasar por empresas legítimas o bolsas de criptomonedas, para atraer a las víctimas y que hagan clic en enlaces maliciosos, faciliten información confidencial o transfieran fondos. En las estafas de inversión en criptomonedas, se prometen grandes beneficios a los inversores a cambio de una inversión inicial. En realidad no hay inversión real y los inversores acaban perdiendo todo su dinero. Las características únicas de las criptomonedas las han hecho ideales para los mercados en línea de bienes y servicios ilícitos. Los mercados de la red oscura, como Silk Road, han facilitado a los usuarios la compra o venta de drogas ilegales, armas de fuego e incluso servicios de sicarios. Las criptomonedas han hecho que estas transacciones sean anónimas y casi imposibles de rastrear, lo que ha permitido que continúen hasta que las autoridades tomen medidas enérgicas contra ellas. El uso de criptomonedas en actividades fraudulentas ha sido una preocupación importante para los reguladores y las autoridades policiales de todo el mundo. En respuesta, muchos gobiernos han introducido normativas para frenar el uso ilícito de criptomonedas. Es vital señalar que las normativas por sí solas pueden no ser suficientes para abordar este problema. La descentralización y el anonimato de las criptomonedas las hacen muy difíciles de regular o controlar. Puede ser más eficaz utilizar otros métodos para frenar su uso fraudulento. Una posible solución es aumentar la concienciación pública sobre las estafas y fraudes relacionados con las criptomonedas. La gente debe tener cuidado al invertir en monedas virtuales y ser consciente del riesgo de fraude. Las campañas de educación pública también pueden ser una forma eficaz de evitar que personas inocentes sean víctimas del phishing o ataques y estafas con criptomonedas. Otra posible solución es que las bolsas de criptomonedas mejoren sus medidas de seguridad para evitar que los defraudadores y los ciberdelincuentes accedan a sus plataformas y roben los fondos de los usuarios. Algunas bolsas de criptomonedas ya han introducido medidas más estrictas de conocimiento del cliente (KYC) y contra el blanqueo de dinero (AML). Regular estrictamente el comercio de criptodivisas puede impedir la naturaleza descentralizada del sistema, contraria a su ideología. Las fuerzas de seguridad deben desarrollar nuevos métodos y herramientas para investigar y perseguir a los ciberdelincuentes que utilizan criptomonedas para actividades fraudulentas. Por ejemplo, la analítica de criptomonedas y el análisis de datos pueden utilizarse para identificar patrones que puedan apuntar a actividades sospechosas. Los gobiernos también deberían colaborar con las bolsas de criptomonedas para vigilar las actividades sospechosas e investigar a los posibles defraudadores. Las criptomonedas han aportado muchas ventajas al sector financiero, desde la descentralización hasta la seguridad. Su uso indebido en actividades fraudulentas puede anular estas ventajas y crear estragos y pérdidas para los inversores y otras personas. El anonimato y la descentralización hacen que las criptomonedas resulten atractivas para estafadores y ciberdelincuentes, lo que dificulta el seguimiento de sus actividades ilícitas. Deben ponerse en marcha medidas preventivas, como el aumento de las campañas de concienciación pública, medidas de seguridad estrictas para los intercambios de criptodivisas y la colaboración entre los gobiernos y la industria. Si se adoptan estas medidas, las criptomonedas pueden convertirse en un verdadero factor de transformación de la economía mundial.

CRIPTOMONEDAS Y BLANQUEO DE DINERO

Otro debate en torno a las criptomonedas es su supuesta vinculación con actividades de blanqueo de dinero. Dado que estas monedas digitales operan con independencia de cualquier gobierno o institución financiera, crean una sensación de anonimato y falta de transparencia. A diferencia de los bancos tradicionales, que cuentan con normas estrictas para vigilar, rastrear y notificar las transacciones sospechosas, los usuarios de criptomonedas pueden realizar transacciones sin revelar su identidad, lo que supone un reto importante para las fuerzas de seguridad. Algunos expertos sostienen incluso que las criptomonedas podrían llegar a sustituir al efectivo tradicional en las actividades ilegales debido a su anonimato y a su naturaleza sin fronteras. El Black Market Reloaded, un famoso mercado en línea de drogas, armas y servicios ilegales, utilizaba Bitcoin como medio de pago preferente, lo que demuestra el papel que pueden desempeñar las criptomonedas para facilitar las actividades ilegales. Un estudio realizado por la Oficina Europea de Policía (Europol) en 2015 reveló que los ciberdelincuentes preferían Bitcoin como su criptomoneda preferida, ya que se consideraba la moneda digital más extendida y ampliamente reconocida. Es importante señalar que, a pesar de estos problemas, la gran mayoría de los usuarios de criptomonedas son ciudadanos respetuosos con la ley que utilizan las divisas digitales con fines legítimos. Han surgido normativas para evitar que las criptomonedas se utilicen con fines ilícitos. El Grupo de Acción Financiera Internacional (GAFI), organización internacional cuyo objetivo es combatir el blanqueo de capitales, ha publicado varias recomendaciones para hacer frente a los retos que plantean las criptodivisas. Las recomendaciones del GAFI incluyen la concesión de licencias y la regulación de los proveedores de monederos de criptomonedas, así como de los intercambios de criptomonedas. La Financial Crimes Enforcement Network (FinCEN) de Estados Unidos ha introducido varias orientaciones sobre las monedas virtuales. En virtud de la Ley de Secreto Bancario, los intercambios de monedas virtuales están ahora obligados a registrarse en la FinCEN, informar sobre determinadas transacciones e implantar programas contra el blanqueo de capitales (AML). Del mismo modo, la Quinta Directiva de la Unión Europea contra el Blanqueo de Capitales (5AMLD) exige a las empresas de criptomonedas que apliquen procedimientos de diligencia debida con los clientes, notifiquen las transacciones sospechosas y se registren ante las autoridades locales.

Para combatir el vínculo entre las criptomonedas y el blanqueo de capitales, se está aprovechando la propia tecnología blockchain. Aunque el anonimato de las criptomonedas plantea problemas a las fuerzas de seguridad, la transparencia de la tecnología blockchain puede ayudar a prevenir actividades ilegales. Según un informe del Center for a New American Security, blockchain puede ser una poderosa herramienta para combatir el blanqueo de capitales y la financiación del terrorismo. El informe sugiere que la tecnología blockchain puede utilizarse para crear una identidad digital segura y transparente, lo que permitiría una detección más eficaz y precisa de posibles delincuentes. Blockchain puede permitir a las fuerzas de seguridad rastrear el flujo de fondos y transacciones en tiempo real, dificultando a los blanqueadores de capitales ocultar actividades ilícitas. La tecnología blockchain puede ayudar a evitar el abuso de las donaciones benéficas, que es una táctica habitual de los blanqueadores de dinero y los terroristas para mover fondos sin levantar banderas rojas. A pesar de los debates en torno a las criptomonedas y el blanqueo de dinero, la aparición de monedas digitales presenta numerosos beneficios potenciales para la economía mundial. En primer lugar, las criptomonedas eliminan la necesidad de intermediarios en las transacciones financieras, permitiendo transferencias de dinero más rápidas y menos costosas a través de las fronteras. Esto sería especialmente beneficioso para los países en desarrollo, donde el acceso a los servicios financieros es limitado. En segundo lugar, las monedas digitales pueden proporcionar una mayor inclusión financiera a las comunidades marginadas. Los sistemas financieros tradicionales exigen documentos de verificación de identidad, una cuenta bancaria y otros requisitos previos que a menudo son inalcanzables para muchas personas. Las criptomonedas, en cambio, no requieren más que un smartphone y una conexión a Internet. En tercer lugar, las monedas digitales pueden ofrecer una alternativa más segura que las monedas tradicionales. Debido a su naturaleza descentralizada, las criptomonedas son menos vulnerables a los ataques de piratas informáticos y a las crisis financieras.

Las criptomonedas pueden fomentar la innovación en los servicios financieros. El uso de la tecnología blockchain, los contratos inteligentes y las organizaciones autónomas descentralizadas puede crear nuevos modelos de negocio más eficientes, transparentes y de gran beneficio para los consumidores. Las criptomonedas son un tema polarizante en la economía mundial. Sus posibles beneficios y retos aún no se comprenden del todo, y el debate en torno a ellas sigue evolucionando. Mientras algunos sostienen que estas monedas digitales podrían revolucionar la industria financiera y mejorar la inclusión financiera, otros se preocupan por los riesgos del blanqueo de capitales y la financiación del terrorismo. En cualquier caso, está claro que las criptodivisas han perturbado los sistemas financieros tradicionales, y queda por ver cómo se regularán e integrarán en la economía mundial en los próximos años. A pesar de los retos que puedan plantear, es probable que las criptomonedas sigan desempeñando un papel importante en el futuro de la economía mundial. Para aprovechar plenamente su potencial, es necesario alcanzar un equilibrio entre innovación y regulación que cree un ecosistema sostenible y seguro para que las criptomonedas prosperen.

EL PAPEL DE LA REGULACIÓN PARA MITIGAR LAS ACTIVIDADES FRAUDULENTAS

La regulación desempeña un papel crucial a la hora de mitigar las actividades fraudulentas relacionadas con las criptomonedas. Al tratarse de un mercado desregulado y en declive, el sector de las criptomonedas ha atraído a un gran número de personas y organizaciones que tratan de aprovecharse de la falta de supervisión para su propio beneficio. Estos estafadores han empleado diversas técnicas para aprovecharse de los inversores desprevenidos, como los esquemas Ponzi, los esquemas piramidales y las falsas ICO. Para evitar que estas actividades fraudulentas causen daños generalizados, los organismos gubernamentales y reguladores de todo el mundo han puesto en marcha medidas para regular el sector y proteger a los inversores. Una de las formas más comunes de regulación aplicada a las criptomonedas es la imposición de normas contra el blanqueo de capitales (AML) y de conocimiento del cliente (KYC). Estas normativas exigen que las empresas de criptomonedas verifiquen la identidad de sus clientes, controlen las transacciones e informen de las actividades sospechosas a las autoridades reguladoras. Mediante la aplicación de las normativas KYC y AML, los gobiernos pueden garantizar que las criptomonedas no se utilicen para facilitar actividades delictivas como el blanqueo de dinero, el tráfico de drogas y la financiación del terrorismo. La aplicación de estas normativas ha dado lugar a una reducción de las actividades fraudulentas, ya que las personas que quieren abusar del sistema para cometer delitos prefieren operar en la oscuridad sin ser controladas. Algunos países han introducido medidas para garantizar que las criptomonedas se traten como activos imponibles. Varias jurisdicciones gravan con impuestos las plusvalías obtenidas de la venta de criptodivisas, mientras que otras han aplicado impuestos a las actividades de minería de criptodivisas. Esta forma de regulación garantiza que el sector de las criptomonedas no se utilice como medio para evadir impuestos o participar en actividades ilegales, y reduce el incentivo para las actividades fraudulentas. Otra forma de regulación que se está utilizando para mitigar las actividades fraudulentas es la concesión de licencias y la supervisión de las empresas de criptomoneda. En algunos países, los intercambios de criptodivisas y otros negocios relacionados con las criptodivisas deben obtener una licencia de la autoridad reguladora antes de poder operar. La forma en que funcionan los mercados regulados es que requieren que los proveedores de servicios operen bajo regulaciones y normativas o condiciones específicas que permiten que sólo expertos cualificados con experiencia relacionada en ese campo operen en ese mercado. De esta manera, sólo las empresas fiables y auténticas obtienen la capacidad de operar en el mercado de criptodivisas, y las entidades sin escrúpulos se mantienen fuera de la industria. Al hacer esto, los reguladores se aseguran de que las empresas que operan en la industria cumplen con las normas mínimas y con los requisitos de información, entre otros. Este cumplimiento ayuda a garantizar que el negocio no es fraudulento, lo que contribuirá en gran medida a generar confianza entre los inversores y el público en general. Algunos organismos reguladores han aplicado medidas para restringir la emisión de ofertas iniciales de monedas (ICO), que es uno de los mayores fraudes relacionados con las estafas de criptodivisas. Los reguladores de todo el mundo han mencionado su preocupación por la falta de claridad normativa y transparencia asociada a estas ofertas, así como por la facilidad con la que pueden utilizarse para estafar a los inversores. Como resultado, algunos países han establecido restricciones a las OIC, como limitar la cantidad de fondos que pueden recaudarse, establecer requisitos para la emisión de tokens y exigir a los emisores de OIC que proporcionen más información sobre los proyectos. Estos requisitos garantizan que sólo los proyectos legítimos consigan recaudar fondos y que los inversores tengan acceso a una cantidad significativa de información que les ayude a tomar una decisión informada. El aumento de la supervisión reguladora en todo el sector de las criptomonedas ha dificultado las actividades fraudulentas, lo que a su vez ha reforzado la confianza de los inversores en el mercado de las criptomonedas. Con la aparición de leyes y reglamentos sobre las criptomonedas, el sector se ha institucionalizado y las empresas que operan con criptomonedas se han vuelto más transparentes y responsables. Esta legitimación del sector es esencial para su crecimiento a largo plazo. y desarrollo porque la hace más atractiva para los nuevos inversores y fomenta la adopción de las criptomonedas como modo de pago fiable y aceptado.

La regulación ha tenido un impacto masivo en la mitigación de las actividades fraudulentas relacionadas con las criptodivisas. La aplicación de las normativas AML y KYC garantiza que el sector no se utilice para actividades delictivas, mientras que la fiscalidad de las criptodivisas sirve para reducir las actividades fraudulentas. La concesión de licencias y la supervisión de las empresas de criptodivisas crean una vía para la profesionalidad, mientras que las restricciones de las ICO previenen el fraude y aumentan la transparencia. Los reguladores y los responsables políticos deben seguir desarrollando marcos eficaces para garantizar que las criptodivisas se utilicen para el bien común y no para facilitar actividades fraudulentas o convertirse en refugio de actividades ilegales. Estas medidas reguladoras exigirán que todos los agentes implicados en el sector cumplan unas normas éticas estrictas, lo que conducirá a la creación de un sector transparente, fiable y digno de confianza a largo plazo. La aparición de las criptomonedas es uno de los avances tecnológicos más significativos del siglo XXI. Las criptomonedas surgieron por primera vez en 2009 con la creación de Bitcoin, pero desde entonces han crecido en número y popularidad. El principal objetivo de las criptomonedas es proporcionar una moneda alternativa independiente de gobiernos y bancos centrales, que pueda promover la transparencia, la privacidad y la seguridad. Las criptomonedas operan en un sistema descentralizado, lo que significa que no están controladas por ninguna autoridad central, lo que también significa que ninguna institución u organismo regulador puede manipular el valor de una criptomoneda. Esta característica hace que las criptomonedas sean deseables para las personas que no confían en el sistema financiero de su gobierno o para quienes desean privacidad en sus transacciones financieras. La popularidad de las criptomonedas ha crecido significativamente en la última década, y la capitalización total del mercado de todas las criptomonedas superará el billón de dólares en enero de 2021. La influencia de las criptomonedas en la economía mundial es cada vez más visible. Hace unos años, la mayoría de la gente creía que las criptomonedas eran una tendencia pasajera, pero hoy está claro que han llegado para quedarse. Una de las formas en que las criptomonedas están cambiando las reglas de la economía mundial es haciendo que las transacciones financieras y el intercambio de valores sean más rápidos, baratos y accesibles. Por ejemplo, los usuarios pueden enviar y recibir criptomonedas a escala internacional sin los obstáculos de los sistemas financieros tradicionales que suelen conllevar largos periodos de tramitación, elevadas comisiones y tipos de cambio que ralentizan las transacciones transfronterizas. Las criptomonedas eliminan estos problemas y facilitan las transacciones internacionales. Otra forma en que las criptomonedas están cambiando las reglas de la economía mundial es a través de su capacidad para facilitar las microtransacciones. La naturaleza de las criptomonedas es tal que son divisibles hasta una pequeña fracción de su valor original, lo que significa que es posible realizar pagos minúsculos que podrían no ser factibles utilizando los sistemas financieros tradicionales. Las microtransacciones son vitales para facilitar y promover la inclusión financiera en los países subdesarrollados, ya que eliminan algunas de las barreras de entrada para las personas que no tienen acceso a los sistemas bancarios tradicionales. Las ventajas de las criptomonedas no se limitan a los particulares, sino que también han captado la atención de las empresas. Muchas de ellas están recurriendo a las criptomonedas para beneficiarse de sus características únicas, como un sistema descentralizado que elimina la necesidad de un organismo regulador central o un banco. Algunas empresas incluso están creando sus propias criptomonedas con el objetivo de generar fuentes de ingresos adicionales y participar en proyectos descentralizados ya existentes en el panorama de las criptomonedas. Las criptomonedas también han dado lugar a la creación de una nueva economía, la economía blockchain, basada en la tecnología blockchain que sustenta muchas criptomonedas. La tecnología blockchain es una base de datos distribuida que almacena información de forma segura y transparente. Cada bloque de la cadena de bloques está conectado al anterior, creando una cadena de transacciones verificadas. Una transacción criptográfica puede ser verificada por cualquiera y, una vez verificada, se añade a la cadena de bloques y se convierte en inmutable. Esto hace que la tecnología blockchain sea muy segura y que sea casi imposible manipular los datos. Las empresas están utilizando la tecnología blockchain para crear contratos inteligentes, mediante los cuales las reglas programadas que rigen los términos de un contrato se almacenan en la blockchain y se autoejecutan una vez cumplidas las condiciones, lo que elimina la necesidad de intermediarios, reduce los costes de transacción y acelera el proceso de contratación. Las criptomonedas están sacudiendo la economía mundial y creando un nuevo terreno de juego digital. Están cambiando las reglas del juego al proporcionar transacciones financieras más rápidas, baratas y accesibles, facilitar el acceso a servicios financieros básicos a personas de países subdesarrollados y promover la descentralización y la privacidad. La aparición de las criptomonedas ha proporcionado un sistema financiero alternativo que opera sobre principios descentralizados que proporcionan más transparencia, seguridad y privacidad que el sistema financiero tradicional. Las criptomonedas también han facilitado el crecimiento de la economía blockchain, una nueva economía con un enorme potencial de innovación que podría transformar diversas industrias. A pesar de sus ventajas, las criptomonedas siguen considerándose algo arriesgadas y volátiles. Es esencial que los reguladores promulguen normativas y directrices adecuadas que garanticen el uso y la adopción seguros de las criptomonedas, preservando al mismo tiempo los beneficios que proporcionan. Independientemente de los posibles retos, el potencial de las criptomonedas y su impacto en la economía mundial son innegables.

XI. CRIPTOMONEDAS Y SOSTENIBILIDAD

La sostenibilidad de las criptomonedas es un tema cada vez más debatido. Uno de los principales argumentos a favor de las criptomonedas es su potencial para promover la sostenibilidad en la economía mundial. Las criptomonedas pueden reducir la huella de carbono de las transacciones financieras. A diferencia de las transacciones financieras tradicionales, que requieren el uso de instalaciones bancarias físicas y el transporte de bienes y personas, las transacciones de criptodivisas pueden iniciarse y completarse digitalmente y requieren relativamente poca energía y recursos. Esto las convierte en una opción atractiva para empresas y particulares preocupados por el impacto medioambiental de sus transacciones financieras. Las criptomonedas ofrecen una alternativa a las monedas fiduciarias, que están sujetas a las políticas monetarias de los bancos centrales. Esto supone un riesgo para la estabilidad de las economías en desarrollo, ya que suelen ser vulnerables a los caprichos de los mercados financieros mundiales. En cambio, las criptomonedas están descentralizadas y operan con independencia de los bancos centrales, proporcionando cierto grado de estabilidad financiera a las economías en desarrollo. Esto es especialmente importante en regiones donde los servicios bancarios tradicionales son limitados, ya que las transacciones con criptomonedas pueden sortear las barreras de la infraestructura física y los intermediarios bancarios, promoviendo así la inclusión financiera y el empoderamiento económico. También se ha cuestionado la sostenibilidad de las criptomonedas. Algunos críticos sostienen que el consumo de energía necesario para procesar las transacciones de criptomonedas es insostenible y contribuye al cambio climático. El consumo de energía de las criptomonedas se debe a su uso de la tecnología Blockchain. La cadena de bloques requiere complejos cálculos matemáticos realizados por potentes ordenadores, que consumen grandes cantidades de energía. Este consumo es especialmente preocupante en el caso de las criptomonedas como Bitcoin, que consumen mucha energía. Algunas estimaciones sugieren que el consumo de energía de Bitcoin equivale al de un país pequeño. En respuesta a estas preocupaciones, algunas criptomonedas han tratado de desarrollar prácticas más sostenibles. Por ejemplo, algunas criptomonedas han adoptado mecanismos de consenso alternativos que no se basan en cálculos informáticos que consumen mucha energía. Estos mecanismos de consenso requieren que los usuarios posean una cierta cantidad de criptomoneda, reduciendo así el consumo de energía asociado a la minería. Algunas criptomonedas han tratado de abordar el problema del consumo de energía recurriendo a fuentes de energía renovables. Por ejemplo, una empresa minera de criptomonedas de Islandia aprovecha el calor geotérmico generado por la actividad volcánica para alimentar sus operaciones mineras. Otras criptomonedas han utilizado energía solar y eólica para alimentar sus operaciones mineras, reduciendo así su huella de carbono. Otra cuestión relacionada con la sostenibilidad de las criptomonedas es su potencial para promover actividades ilícitas. El anonimato que proporcionan las criptomonedas puede ser aprovechado por los delincuentes, que las utilizan para dedicarse al blanqueo de capitales, la evasión fiscal y la financiación de actividades ilegales. Las criptomonedas se han utilizado para facilitar la compra y venta de bienes y servicios ilegales en la red oscura. Si no se controlan, estas actividades podrían socavar la sostenibilidad social, económica y medioambiental de las economías mundiales.

Para mitigar los riesgos asociados al uso de criptomonedas, los organismos reguladores han empezado a desarrollar marcos para la supervisión y regulación de las transacciones con criptomonedas. El primer paso que han dado varios países es exigir a las empresas que operan con criptomonedas que se registren ante los reguladores financieros y cumplan la normativa contra el blanqueo de capitales. Esto ayudaría a garantizar que las criptomonedas se utilizan para fines legítimos y evitar su uso en actividades ilegales. La sostenibilidad de las criptomonedas es un tema de debate permanente. Aunque las criptomonedas ofrecen la posibilidad de promover la sostenibilidad reduciendo la huella de carbono de las transacciones financieras y fomentando la inclusión financiera, también plantean riesgos para el medio ambiente y la estabilidad social. El consumo de energía asociado a las transacciones de criptomonedas, el potencial de actividades ilícitas y la falta de supervisión reguladora son cuestiones que requieren una cuidadosa consideración. Por tanto, es crucial que los responsables políticos, las empresas y los particulares tomen medidas para mitigar los riesgos asociados al uso de las criptomonedas, aprovechando al mismo tiempo su potencial para promover la sostenibilidad en la economía mundial. La sostenibilidad de las criptomonedas depende de la adopción y aplicación responsables de prácticas innovadoras que promuevan el crecimiento económico, la justicia social y la responsabilidad medioambiental.

CONSUMO DE ENERGÍA EN LA MINERÍA DE CRIPTOMONEDAS

Es un aspecto crucial del debate en torno a las criptomonedas y su impacto en la economía mundial. La minería es el proceso de validar transacciones y añadir nuevos bloques a la cadena de bloques, lo que requiere potentes ordenadores que ejecuten complejos algoritmos. Estos ordenadores necesitan una gran cantidad de electricidad para funcionar, por lo que la minería es una actividad que consume mucha energía. El consumo energético de la minería es una de las críticas más importantes a las criptomonedas, y algunas estimaciones sugieren que la minería consume tanta energía como algunos países. El elevado consumo de energía se debe al algoritmo de consenso PoW (Proof of Work) utilizado por muchas criptomonedas como Bitcoin. PoW permite a los mineros competir para ser el primero en resolver un complejo problema matemático, recibiendo el ganador una recompensa en forma de nuevas monedas. La enorme cantidad de potencia de cálculo necesaria para resolver estos problemas hace que la minería PoW consuma mucha energía. Los críticos argumentan que el consumo de energía asociado a la minería es insostenible y destructivo para el medio ambiente. Es esencial señalar que el uso energético de la minería no es únicamente un aspecto negativo de las criptomonedas. La demanda de energía conduce a soluciones innovadoras y al desarrollo de fuentes de energía renovables. Por ejemplo, algunas instalaciones mineras utilizan el excedente de energía hidroeléctrica o eólica para alimentar sus operaciones. Esto puede hacer que la minería basada en energías renovables sea más viable económicamente y, a su vez, aumentar la demanda de energías renovables. Esto, a su vez, podría conducir a una mayor inversión en infraestructuras de energía limpia, lo que es muy positivo para el medio ambiente y la economía mundial. El consumo de energía de las criptomonedas es relativamente pequeño en comparación con otras actividades de la economía mundial, como el transporte, la fabricación y los procesos industriales. Aunque el uso de energía es una preocupación, no es el principal motor de las preocupaciones medioambientales. Algunas criptomonedas más recientes están explorando algoritmos de consenso alternativos y reduciendo su consumo de energía. Por ejemplo, los algoritmos de consenso Proof of Stake (PoS) requieren que los participantes tengan una participación en la red para participar en la minería, lo que reduce drásticamente la potencia de cálculo necesaria. La red Ethereum, la segunda mayor criptomoneda por capitalización bursátil, lleva varios años explorando un algoritmo de consenso PoS y se espera que realice la transición al nuevo algoritmo en los próximos años. Otra solución es desarrollar nuevos algoritmos de consenso que dependan menos de la potencia de cálculo, como Proof of Space (PoSpace) o Proof of Authority (PoA). Este último ya ha sido adoptado por algunas criptomonedas más pequeñas, y se espera que su uso aumente en los próximos años. La adopción de estos algoritmos de consenso alternativos marca un cambio significativo en la industria, ya que estos nuevos algoritmos ofrecen una alternativa más sostenible y eficiente energéticamente que la minería PoW tradicional. La minería de criptomonedas puede tener un impacto positivo en la economía al crear nuevos puestos de trabajo y estimular la inversión en infraestructuras. En regiones con electricidad barata o normativas favorables, la minería puede crear una nueva industria y atraer nuevas inversiones en infraestructuras. Por ejemplo, en China, donde la electricidad es relativamente barata y la minería es legal, muchas empresas han establecido instalaciones mineras, creando puestos de trabajo e incentivando nuevas inversiones en infraestructuras energéticas para apoyar la industria. Los gobiernos de todo el mundo están empezando a reconocer los beneficios de la tecnología blockchain y están invirtiendo en su desarrollo. Estas inversiones ayudarán a crear una nueva industria, generando puestos de trabajo y fomentando la innovación. El uso de energía en la minería de criptomonedas es indudablemente preocupante, pero dista mucho de ser la característica definitoria de las criptomonedas. La creciente demanda de potencia de cálculo para la minería ha impulsado la innovación y la inversión en infraestructuras de energía limpia, lo que es positivo para el medio ambiente y la economía mundial. La industria ha empezado a explorar algoritmos de consenso alternativos, que harán que la minería sea más eficiente energéticamente y sostenible. La minería de criptomonedas tiene el potencial de crear nuevos puestos de trabajo y estimular la inversión en infraestructuras. Mientras seguimos asistiendo al crecimiento de las criptomonedas, es esencial tener en cuenta el consumo de energía asociado a la minería, pero también los beneficios potenciales para la economía y el medio ambiente.

IMPACTO MEDIOAMBIENTAL DE LAS CRIPTOMONEDAS

Una de las principales críticas a las criptomonedas es su importante impacto medioambiental. El proceso de minería y el algoritmo de verificación requieren enormes cantidades de potencia de cálculo, lo que a su vez requiere enormes cantidades de electricidad. Una sola transacción de Bitcoin, por ejemplo, consume tanta energía como un hogar estadounidense medio en un mes. A medida que las criptomonedas se hagan más populares y se adopten más ampliamente, la demanda de potencia de cálculo -y, por tanto, de electricidad- no hará sino aumentar. La gran mayoría de la minería de criptomonedas se realiza actualmente utilizando centrales eléctricas de carbón y otras fuentes de energía no renovable. Esto significa que las emisiones generadas por la minería de criptomonedas contribuyen al creciente problema del cambio climático. Algunas estimaciones sugieren que la huella de carbono de la red Bitcoin es comparable a la de un país pequeño. Esto se debe a que el alto nivel de consumo de energía que requiere la minería de criptomonedas no se compensa con la producción de energía limpia y renovable. Se han hecho esfuerzos para resolver este problema. Por ejemplo, algunas empresas de criptomonedas están explorando el uso de fuentes de energía renovables, como la solar y la eólica, para alimentar las operaciones de minería. Otras están explorando métodos alternativos de verificación que no requieran tanta potencia de cálculo. La adopción de estas estrategias reduciría significativamente el impacto medioambiental de las criptomonedas y llevaría las operaciones mineras a prácticas más sostenibles. Otro problema es la basura electrónica generada por el hardware de minería de criptomonedas obsoleto. A medida que aumenta la dificultad de la minería y se intensifica la competencia por las recompensas, los mineros a menudo necesitan actualizar su hardware especializado y más potente. Esto genera una cantidad significativa de residuos electrónicos que acaban en los vertederos o se reciclan de forma inadecuada. Estos residuos electrónicos contienen sustancias tóxicas que pueden dañar el medio ambiente y la salud humana. La eliminación de estos materiales también puede ser costosa y difícil, ya que requiere equipos y procedimientos especializados. Los entusiastas de las criptomonedas sostienen que las ventajas de los sistemas descentralizados y sin confianza compensan los costes medioambientales. Señalan que los sistemas bancarios tradicionales también consumen grandes cantidades de energía y generan grandes cantidades de residuos. Es importante señalar que el impacto medioambiental de la minería de criptomonedas es todavía relativamente desconocido, y es necesario investigar más para comprender plenamente su impacto en el planeta. En lo que respecta al impacto medioambiental de las criptomonedas, no cabe duda de que existen preocupaciones válidas que deben abordarse. Pero es importante recordar que las criptomonedas siguen siendo una tecnología relativamente nueva y que tienen potencial para cambiar nuestra forma de pensar y abordar la sostenibilidad. A medida que aumente el número de personas interesadas en las criptomonedas, es probable que prestemos más atención a cuestiones como las energías renovables y la reducción de los residuos electrónicos. También existe la posibilidad de que las criptomonedas se utilicen en iniciativas de conservación del medio ambiente, como los créditos de carbono simbólicos, que pueden incentivar las prácticas sostenibles. El impacto medioambiental de las criptomonedas es uno de los muchos factores que deben tenerse en cuenta a la hora de evaluar su lugar en la economía mundial. Aunque no cabe duda de que existen preocupaciones válidas, es importante reconocer el potencial de las criptomonedas para perturbar los sistemas financieros tradicionales y promover una mayor innovación. Al fomentar el desarrollo de prácticas más sostenibles, podemos garantizar que los beneficios de las finanzas descentralizadas se cosechen sin causar daños innecesarios al planeta.

SOSTENIBILIDAD EN LA MINERÍA DE CRIPTOMONEDAS

El impacto medioambiental de la minería de criptomonedas no puede ignorarse. Se ha convertido en una preocupación importante para el planeta. El consumo de energía de las criptomonedas es enorme, y el proceso de minería requiere mucha potencia de cálculo. Esto, a su vez, conlleva un elevado consumo de electricidad, que afecta directamente al medio ambiente. A medida que las criptomonedas se hacen más populares y aumenta su valor, también aumenta la energía consumida en la minería. Se estima que el consumo de energía de las criptomonedas pronto superará la potencia total consumida por los países pequeños. Esta situación no es sostenible, y es necesario encontrar un enfoque más respetuoso con el medio ambiente para la minería de criptomonedas.

Uno de los enfoques que más fuerza ha cobrado en los últimos tiempos es el de la sostenibilidad. Consiste en utilizar fuentes de energía renovables para alimentar el proceso de minería. Fuentes de energía renovables como la solar, la eólica y la hidroeléctrica pueden utilizarse para minar criptomonedas. Las ventajas de utilizar fuentes de energía renovables son numerosas. En primer lugar, estas fuentes reducen las emisiones de gases de efecto invernadero, lo que, a su vez, ayuda a combatir el cambio climático. En segundo lugar, la energía renovable es sostenible y proporciona una solución a largo plazo para las necesidades energéticas de la minería de criptomonedas. En tercer lugar, es rentable a largo plazo y reduce los costes operativos de la minería. Como hemos visto, la minería de criptomonedas consume una cantidad significativa de energía, lo que ha provocado un aumento de las emisiones de carbono. El enfoque de sostenibilidad aborda este problema mediante el uso de fuentes de energía renovables. La energía solar es una opción popular para la minería de criptomonedas porque es una fuente de energía limpia y renovable. La energía solar tiene sus limitaciones, especialmente en zonas donde la luz solar es escasa. La energía eólica también es una buena opción, ya que es una fuente de energía limpia y sostenible. Las turbinas eólicas se utilizan para generar electricidad, que luego se utiliza para alimentar el proceso de extracción. La energía hidroeléctrica también es una opción viable, pero requiere una gran cantidad de agua para generar electricidad. Otro enfoque de la sostenibilidad en la minería de criptomonedas es el uso de pools de minería ecológicos. Se trata de pools de minería que utilizan fuentes de energía renovables para minar criptomonedas. Los mineros concienciados con el medio ambiente y que desean contribuir a un proceso de minería sostenible pueden acceder a los pools de minería verde. Los pools de minería verdes pueden crearse utilizando fuentes de energía renovables como la solar, la eólica o la hidroeléctrica. Un enfoque único de la sostenibilidad en la minería de criptomonedas es el uso de bicicletas de minería de criptomonedas. Se trata de bicicletas que generan electricidad a medida que se pedalea. Utilizan la energía cinética generada por el pedaleo para alimentar el proceso de minería. Las bicicletas de minería de criptomonedas no sólo son sostenibles, sino que también proporcionan un entrenamiento para el ciclista. Un ejemplo de bicicleta minera de criptomoneda es la CycloCoin, un proyecto iniciado en los Países Bajos que combina el ciclismo con la minería de criptomonedas. El objetivo de este proyecto es producir energía verde a través del ciclismo mientras se ganan criptodivisas. El enfoque sostenible puede reducir el impacto medioambiental de la minería de criptomonedas. Es esencial tener en cuenta que no es una solución milagrosa. Hay que tener en cuenta otros factores cuando se trata de la sostenibilidad en la minería de criptomonedas. Por ejemplo, el tipo de hardware utilizado en la minería puede tener un impacto significativo en el consumo de energía. Los equipos de minería utilizados para minar criptomonedas requieren mucha energía para funcionar, y su eficiencia puede tener un impacto significativo en el consumo total de energía. Por esta razón, es importante utilizar hardware de minería energéticamente eficiente. La ubicación de las explotaciones mineras también puede tener un impacto significativo en la sostenibilidad. Es importante elegir ubicaciones ricas en fuentes de energía renovables y con un bajo impacto de carbono. Los países con grandes parques solares, turbinas eólicas y presas hidroeléctricas son ideales para las operaciones de minería de criptomoneda sostenible. Los países que dependen en gran medida de los combustibles fósiles para obtener energía pueden no ser tan propicios para la minería sostenible de criptomoneda. El enfoque de sostenibilidad es una solución viable al impacto medioambiental de la minería de criptomonedas. El uso de fuentes de energía renovables como la solar, la eólica y la hidroeléctrica puede reducir las emisiones de carbono y proporcionar una solución a largo plazo para las necesidades energéticas. Los pools de minería verde y las bicicletas de minería de criptomonedas son innovaciones que proporcionan un enfoque único para la minería sostenible de criptomonedas. Sin embargo, es importante señalar que la sostenibilidad en la minería de criptomonedas es una cuestión polifacética. El hardware de minería energéticamente eficiente y la elección de la ubicación adecuada también son cruciales para reducir el impacto medioambiental de la minería de criptomonedas. El enfoque sostenible de la minería de criptomonedas es un paso en la dirección correcta hacia la creación de un futuro más sostenible. Las criptomonedas, los activos digitales que utilizan la criptografía para asegurar las transacciones y controlar la creación de nuevas unidades, han surgido como una fuerza disruptiva en el mundo del dinero y las finanzas. La moneda digital existe desde hace décadas, pero no fue hasta la aparición de Bitcoin, creada en 2009, cuando las criptomonedas empezaron a recibir una atención generalizada. Bitcoin presentó una nueva visión radical del dinero, descentralizado, privado y seguro gracias a la criptografía. No fue hasta la llegada de la tecnología blockchain cuando Bitcoin y otras criptomonedas desarrollaron la infraestructura necesaria para convertirse en una alternativa viable a las divisas tradicionales. Desde su aparición, las criptodivisas han influido profundamente en la economía mundial, desafiando al sistema monetario establecido y ofreciendo nuevas posibilidades de innovación e inclusión financiera. Una de las formas más significativas en que las criptomonedas están cambiando las reglas de la economía mundial es a través de su descentralización. Las monedas tradicionales, como el dólar estadounidense, están controladas por bancos centrales y gobiernos, que tienen el poder de manipular la oferta monetaria y fijar los tipos de interés. Este control centralizado del dinero tiene sus ventajas, como la capacidad de estabilizar la economía en tiempos de crisis. También tiene sus inconvenientes, como el potencial de abuso de poder y la vulnerabilidad a la inflación. Las criptomonedas, en cambio, son descentralizadas, lo que significa que no están controladas por ninguna autoridad central. En su lugar, se rigen por una red de usuarios que validan y registran colectivamente las transacciones. Esta descentralización da a los individuos un mayor control sobre su dinero, reduciendo el riesgo de interferencia o manipulación gubernamental. Otra forma en que las criptomonedas están perturbando la economía mundial es a través de su anonimato y privacidad. Los sistemas financieros tradicionales obligan a las personas a revelar su identidad e información personal cuando realizan transacciones. Las criptomonedas ofrecen un nivel de anonimato y privacidad que es imposible de conseguir con las monedas tradicionales. Este anonimato tiene implicaciones positivas y negativas. Por un lado, puede proteger a las personas de la usurpación de identidad y la vigilancia no deseada. Por otro, puede facilitar actividades delictivas como el blanqueo de dinero y las transacciones en el mercado negro. No obstante, el anonimato y la privacidad que ofrecen las criptomonedas son muy valorados por muchos usuarios, sobre todo los que viven en países con sistemas financieros restrictivos o desean realizar transacciones sin supervisión gubernamental. Las criptomonedas están permitiendo nuevas formas de comercio e innovación financiera que antes eran imposibles. Por ejemplo, las criptomonedas están facilitando las transacciones transfronterizas sin necesidad de intermediarios como bancos o servicios de remesas. Esto es especialmente valioso para los particulares y las empresas de los países en desarrollo que pueden tener un acceso limitado a los servicios financieros tradicionales. Las criptomonedas también están permitiendo la creación de nuevos instrumentos financieros, como las ofertas iniciales de monedas (ICO), que permiten a las empresas recaudar capital mediante la venta de fichas digitales. Las OIC han recaudado miles de millones de dólares en los últimos años y están proporcionando una forma nueva e innovadora de recaudar fondos para las nuevas empresas. A pesar de estas ventajas e innovaciones, las criptomonedas no están exentas de retos y riesgos. Uno de los principales retos es la cuestión de la escalabilidad. A medida que crece el número de usuarios y transacciones, criptomonedas como Bitcoin están llegando al límite de su capacidad para procesar transacciones de forma rápida y eficiente. Esto ha provocado elevadas comisiones por transacción y retrasos, que están dificultando que las criptomonedas funcionen como una alternativa viable a las monedas tradicionales. Otro reto es la cuestión de la regulación. Las criptomonedas carecen en gran medida de regulación, lo que les ha permitido crecer con rapidez y libertad. Esta falta de regulación también expone a los usuarios a riesgos como el fraude, el robo y la manipulación del mercado. A medida que las criptomonedas se generalizan, aumenta la presión por parte de los gobiernos y reguladores financieros a imponer normativas que salvaguarden los intereses de los consumidores e impidan las actividades ilícitas. Las criptomonedas están cambiando las reglas de la economía mundial de numerosas maneras. Su descentralización, anonimato e innovación están desafiando al sistema monetario tradicional y ofreciendo nuevas posibilidades para la inclusión financiera y el comercio. También se enfrentan a importantes retos y riesgos, como la escalabilidad y la regulación. A medida que las criptomonedas sigan evolucionando, su impacto en la economía mundial será sin duda cada vez mayor y determinará el futuro del dinero y las finanzas en los próximos años.

XII. MINERÍA DE CRIPTOMONEDAS

La minería es un aspecto crucial del mercado de las criptomonedas, ya que permite que entren en circulación nuevas monedas e incentiva a los mineros a mantener la integridad de la red. Básicamente, la minería de criptomonedas es el proceso de verificación de transacciones en una cadena de bloques mediante la resolución de complejas ecuaciones matemáticas. Este requiere una gran cantidad de potencia de cálculo y electricidad, lo que suscita preocupación por su impacto ambiental y la concentración de la energía minera en determinadas regiones. La minería de Bitcoin, la forma más conocida de minería de criptomonedas, se lleva a cabo utilizando hardware especializado llamado ASIC, o Circuitos Integrados de Aplicación Específica. Estos dispositivos están específicamente diseñados para resolver las complejas ecuaciones matemáticas necesarias para validar las transacciones en la red Bitcoin. Como resultado, la minería de Bitcoin se ha vuelto cada vez más competitiva, con más mineros entrando en el campo cada día y aumentando la dificultad de las ecuaciones. Esto ha llevado a la concentración de la potencia minera en regiones con electricidad barata y regulaciones favorables, como China, Estados Unidos y Canadá. La red Ethereum, otra criptomoneda popular, utiliza un algoritmo de minería diferente conocido como Ethash. Este algoritmo fue diseñado para ser resistente a ASIC, lo que significa que no puede ser minado eficientemente utilizando hardware especializado. En su lugar, la minería de Ethereum se realiza normalmente con tarjetas gráficas, lo que permite una participación más amplia y una red más descentralizada. Aunque esto ha tenido éxito a la hora de promover la diversidad y la descentralización en la comunidad minera de Ethereum, también ha provocado un aumento del consumo de electricidad y problemas medioambientales. Otras criptomonedas, como Litecoin y Bitcoin Cash, utilizan algoritmos de minería similares a los de Bitcoin, por lo que están sujetas al mismo proceso de minería competitivo. Esto ha dado lugar a la aparición de pools de minería, en los que mineros individuales combinan sus recursos para aumentar sus posibilidades de resolver las ecuaciones matemáticas y obtener una recompensa. Esto también plantea problemas de centralización, ya que un pequeño número de pools de minería controla una parte significativa de la potencia de hashing de la red. A pesar de estas preocupaciones, la minería de criptomonedas sigue siendo una parte integral del mercado, proporcionando una fuente de ingresos para los mineros y manteniendo la seguridad y la integridad de la red. La creciente demanda de potencia de cálculo y electricidad ha suscitado preocupación por la sostenibilidad de la minería de criptomonedas y su impacto en el medio ambiente. Algunos proyectos están explorando métodos de minería alternativos, como el proof-of- stake, que no requieren una gran potencia de cálculo y reducirían el impacto medioambiental de la minería de criptomonedas.

La minería de criptomonedas es un aspecto esencial del mercado de las criptomonedas, ya que facilita la creación de nuevas monedas y mantiene la seguridad y la integridad de la red. Aunque ha suscitado preocupación por la centralización, el impacto medioambiental y la sostenibilidad, están surgiendo soluciones innovadoras para abordar estas cuestiones y garantizar el crecimiento y el éxito continuos del mercado de las criptomonedas.

¿QUÉ ES LA MINERÍA?

La minería es el proceso de creación de nuevas unidades de una criptomoneda mediante el uso de técnicas informáticas avanzadas. A diferencia de las monedas tradicionales, las criptomonedas no están reguladas por ninguna autoridad central, sino que son creadas por los usuarios en una red descentralizada. A partir de ahí, el minero debe resolver un complejo rompecabezas matemático que valida la transacción y la añade como un nuevo bloque en la cadena. Este proceso de minería es esencial para la seguridad y estabilidad de la red de criptomonedas, ya que dificulta la manipulación de la red por parte de agentes malintencionados. El proceso de minería suele requerir hardware y software especializados capaces de realizar cálculos complejos a gran velocidad. Estos mineros compiten entre sí para validar las transacciones y minar nuevas unidades de la criptomoneda, y el primero en resolver el enigma matemático recibe una recompensa en forma de fichas de nueva acuñación. Las recompensas por minar varían en función de la criptomoneda, ya que algunas ofrecen mayores recompensas por cálculos más complejos o para incentivar a los mineros a asegurar la red durante sus primeras etapas. La minería ha sido un componente crucial del crecimiento y el éxito de las criptomonedas, ya que garantiza que la red permanezca segura y estable incluso a medida que crece. Esto se debe a que el proceso de minería requiere una cantidad significativa de potencia de cálculo, lo que significa que es difícil que una sola entidad controle la mayor parte de la red. Esta descentralización garantiza que la red permanezca libre de la influencia de una única entidad, lo que la hace más resistente a los ataques y más atractiva para los usuarios. La minería no está exenta de inconvenientes. Una de las principales críticas a la minería es que requiere una cantidad significativa de energía para alimentar el hardware informático utilizado. Algunas estimaciones sugieren que el consumo energético de la minería de Bitcoin equivale al de un país pequeño. El proceso de minería se ha vuelto cada vez más especializada y centralizada, con operaciones mineras a gran escala que dominan el panorama y dificultan la competencia de los usuarios individuales. A pesar de estas críticas, la minería sigue siendo un componente esencial del ecosistema de las criptomonedas y seguirá desempeñando un papel crucial en el crecimiento y la adopción de estos nuevos activos digitales. A medida que más y más personas y empresas comiencen a adoptar las criptomonedas, la necesidad de una red estable y segura no hará sino aumentar, convirtiendo la minería en un componente vital de la economía mundial. La aparición de las criptomonedas ha desafiado los modelos tradicionales de finanzas y banca, proporcionando un medio alternativo de intercambio de valor descentralizado y libre del control gubernamental. Esto ha perturbado el sistema financiero existente, en gran medida centralizado y sujeto a la influencia de los gobiernos y las grandes instituciones financieras. Las criptomonedas permiten a los particulares realizar transacciones sin necesidad de intermediarios como bancos o procesadores de pagos, lo que aumenta la seguridad, la transparencia y el control sobre los activos financieros. El auge de las criptomonedas ha abierto nuevas oportunidades para que particulares y empresas se beneficien del crecimiento y la adopción de estos activos. La minería se ha convertido en una oportunidad de negocio rentable para particulares y empresas que cuentan con los conocimientos técnicos y los recursos necesarios para competir en esta nueva industria. A medida que aumente el valor de las criptomonedas, también lo harán las recompensas potenciales de la minería, proporcionando una nueva vía para la creación de riqueza y la inversión. La aparición de las criptomonedas también ha suscitado preocupación por su potencial para actividades ilícitas como el blanqueo de capitales y la financiación del terrorismo. La naturaleza descentralizada y anónima de muchas criptomonedas las ha hecho atractivas para los delincuentes que buscan blanquear fondos o transferir dinero de forma anónima a través de las fronteras. La falta de regulación y supervisión ha dificultado la vigilancia y el control del uso de las criptomonedas por parte de los gobiernos y las fuerzas de seguridad. En respuesta a estas preocupaciones, varios gobiernos han empezado a tomar medidas para regular las criptomonedas y limitar su uso en actividades ilegales. Estos esfuerzos han tenido un éxito desigual, ya que la naturaleza descentralizada y global de las criptomonedas dificulta el control de su uso por parte de cualquier gobierno. La falta de consenso sobre cómo regular las criptomonedas ha creado un mosaico de leyes y reglamentos diferentes, lo que complica aún más el panorama. A pesar de estos retos, los beneficios potenciales de las criptomonedas son demasiado grandes para ignorarlos, y es probable que su continuo crecimiento y adopción transformen la economía mundial de formas nuevas y emocionantes. A medida que más y más particulares y empresas empiecen a adoptar las criptomonedas, éstas se convertirán en una parte cada vez más importante del sistema financiero mundial, proporcionando un medio alternativo de intercambio de valor que es descentralizado, seguro y transparente. La aparición de las criptomonedas ha puesto en tela de juicio los modelos tradicionales de finanzas y banca, ofreciendo a particulares y empresas nuevas oportunidades de creación de riqueza e inversión. A medida que la economía mundial siga evolucionando, las criptomonedas desempeñarán un papel cada vez más importante en la configuración de su futuro.

EL PROCESO DE MINERÍA DE CRIPTOMONEDAS

Consiste en resolver complejas ecuaciones matemáticas mediante software y hardware especializados. Los mineros, también denominados nodos, se ven incentivados a resolver estas ecuaciones ganando monedas de nueva acuñación y las comisiones por transacción. Bitcoin, la primera criptomoneda, estableció el proceso de minería, que consiste en resolver una función hash criptográfica. La dificultad de la red aumenta a medida que se unen más mineros, lo que hace más difícil y requiere más potencia de cálculo para minar un bloque. Esto garantiza que la recompensa por bloque y el suministro total de monedas acaben controlándose. Otras criptomonedas, como Ethereum, tienen diferentes algoritmos de minado, siendo los más comunes el proof-of-work y el proof-of-stake. En el proof-of-work, los mineros compiten para encontrar el hash que satisface una determinada condición, mientras que en el proof-of-stake, los validadores se basan en su participación en la red. La minería de criptomonedas requiere una configuración de hardware específica, que incluye un equipo de minería con una tarjeta gráfica de gama alta y una fuente de alimentación. Estos equipos pueden ser caros, pero el retorno de la inversión puede ser significativo si el valor de la criptomoneda aumenta con el tiempo. El coste de instalación y funcionamiento de una operación de minería depende de varios factores, como el coste de la electricidad y la calidad de la tecnología. La rentabilidad de la minería puede fluctuar significativamente, y los mineros necesitan mantenerse al día con las condiciones del mercado para seguir siendo rentables. El proceso de minado de criptomonedas ha evolucionado rápidamente, con un hardware y un software especializados cada vez más frecuentes. La minería de criptomonedas tiene un impacto medioambiental significativo, siendo el consumo de energía y la huella de carbono de las actividades mineras una de las principales preocupaciones. El proceso de minería requiere una enorme cantidad de potencia de cálculo, lo que se traduce en una gran demanda de electricidad. Según un estudio del Cambridge Centre for Alternative Finance, el consumo anual de energía de la red Bitcoin se estima en unos 130 teravatios-hora, lo que supera el consumo energético de varios países, entre ellos Argentina y Suecia. La mayor parte de la energía consumida por la red Bitcoin procede de centrales eléctricas de carbón, que emiten grandes cantidades de dióxido de carbono. Se están desarrollando varios proyectos de energías renovables para alimentar las actividades mineras, pero aún están en sus primeras fases y no se han adoptado de forma generalizada. Este problema ha suscitado críticas a la industria de las criptomonedas, ya que las investigaciones han demostrado que la huella de carbono de la minería de Bitcoin es comparable a la de la ciudad de Las Vegas. Otro problema de la minería de criptomonedas es la centralización del poder en la red. La recompensa de la minería atrae a los mineros que tienen la mayor potencia de cálculo, lo que lleva a que unos pocos grandes jugadores controlen una parte significativa del pool de minería. Esto ha generado dudas sobre la descentralización y la seguridad de la red. Por ejemplo, un ataque del 51% es un escenario posible en el que un único minero o grupo de mineros controla más de la mitad de la potencia de cálculo de la red, lo que les permite manipular la cadena de bloques y monopolizar las recompensas. Para combatirlo, varias criptomonedas están explorando mecanismos de consenso alternativos que promuevan la descentralización e incentiven la participación de la comunidad. A pesar de los retos asociados a la minería de criptomonedas, sigue siendo un proceso crucial para mantener la integridad de la cadena de bloques y permitir las transacciones. La minería garantiza que se añadan nuevos bloques a la cadena de bloques de forma descentralizada y sin confianza, lo que impide que una única entidad monopolice la red. El proceso de minería proporciona una forma segura de validar las transacciones. La minería permite que entren en circulación nuevas monedas, lo que aporta liquidez e incentiva a los participantes de la red a protegerla. El proceso de minería de criptomonedas implica resolver complejas ecuaciones matemáticas utilizando software y hardware especializados. La aparición de las criptomonedas, especialmente Bitcoin, estableció el proceso de minería, que garantiza una forma descentralizada y fiable de validar las transacciones y mantener la exactitud del libro mayor. El proceso de minería ha evolucionado rápidamente, con un hardware y un software cada vez más especializados, lo que ha suscitado preocupación por la centralización del poder e impactos medioambientales. La minería sigue siendo un proceso crucial para mantener la integridad de la cadena de bloques e incentivar a los participantes de la red a protegerla. A medida que esta industria siga madurando, abordar los impactos medioambientales y sociales de la minería requerirá soluciones innovadoras y la colaboración de los participantes de la industria.

EL IMPACTO DE LA MINERÍA DE CRIPTOMONEDAS

Uno de los aspectos más significativos de las criptomonedas es el papel que desempeña la minería en su creación y mantenimiento. La minería de criptomonedas implica el uso de equipos informáticos especializados, llamados mineros, para resolver complejas ecuaciones matemáticas con el fin de verificar las transacciones en la red blockchain. A cambio de sus esfuerzos, los mineros son recompensados con monedas recién acuñadas. Aunque en un principio la minería era una actividad que podía realizarse en un ordenador personal, la creciente complejidad de los algoritmos implicados la ha convertido en un proceso más especializado y que consume más energía.

El impacto de la minería de criptomonedas es polifacético, y sus efectos se dejan sentir tanto a nivel individual como social. A nivel individual, la minería puede ser una lucrativa fuente de ingresos. Las recompensas por minar varían en función de la criptomoneda que se esté minando, así como del hardware que se utilice. En algunos casos, las recompensas pueden merecer la inversión en hardware y electricidad. La rentabilidad de la minería también depende del precio de la criptomoneda que se esté minando. Como los precios de las criptomonedas han fluctuado mucho a lo largo de los años, la minería se ha convertido en una empresa más volátil y arriesgada. El impacto de la minería de criptomonedas va más allá de los beneficios individuales. La energía necesaria para alimentar las operaciones de minería ha suscitado preocupación por su impacto medioambiental. Se calcula que el consumo energético de la minería es superior al de países enteros como Irlanda y Marruecos. Esto se debe a que se necesitan enormes cantidades de electricidad para hacer funcionar las granjas mineras - almacenes llenos de equipos mineros especializados- 24 horas al día, 7 días a la semana, durante todo el año. Esto ha llevado a algunos países a restringir la minería de criptomonedas debido a su impacto medioambiental. Estas preocupaciones no son infundadas y deben abordarse para que las criptomonedas sigan creciendo y prosperando. El impacto de la minería de criptomonedas también se deja sentir en la economía en general. El consumo energético de la minería es un coste significativo que se repercute en los consumidores de criptomonedas. En algunos casos, se ha estimado que este coste es superior a las comisiones de transacción asociadas al uso de los sistemas bancarios tradicionales. Esto ha suscitado preocupación sobre la escalabilidad y accesibilidad de las criptomonedas como medio de transacciones cotidianas. La concentración de operaciones mineras en determinadas regiones o países puede provocar variaciones en el precio de las criptodivisas. Por ejemplo, cuando China prohibió la minería de criptodivisas en 2019, el precio del Bitcoin -la mayor y más conocida criptodivisa- cayó casi un 10% en cuestión de horas. Otro impacto de la minería de criptomonedas es su papel en el mantenimiento de la seguridad y la credibilidad de la red blockchain. Para que las transacciones sean verificadas y registradas en la cadena de bloques, deben ser confirmadas por un número suficiente de mineros. Esto garantiza que la red esté descentralizada y que ninguna entidad la controle. La seguridad que ofrece una red descentralizada es uno de los principales atractivos de las criptomonedas, ya que mitiga el riesgo de fraude y piratería informática. Cabe señalar que la concentración del poder minero en determinadas regiones o entre determinados grupos puede comprometer la descentralización y la seguridad de la red. Esto se debe a que una concentración de poder minero hace más fácil que una única entidad controle la red y se dedique potencialmente a actividades fraudulentas. A nivel individual, la minería puede ser una fuente de ingresos lucrativa, pero conlleva riesgos e incertidumbres. El impacto medioambiental de la minería también es una preocupación que debe abordarse. A nivel macro, el consumo energético de la minería puede afectar a la escalabilidad y accesibilidad de las criptomonedas, y la concentración de poder minero puede comprometer la descentralización y la seguridad de la red blockchain. A medida que las criptomonedas sigan creciendo y evolucionando, será esencial que las partes interesadas aborden estas cuestiones para maximizar los beneficios potenciales de esta tecnología innovadora. Las criptomonedas se han convertido en uno de los avances más interesantes de la economía mundial en la última década. Esta plataforma de moneda digital representa un sistema descentralizado y no gubernamental que utiliza una red de pares (P2P) para la creación, el intercambio y la validación de transacciones. La aparición de las criptomonedas supone un audaz desafío al sistema bancario y financiero tradicional y devuelve las riendas monetarias a los ciudadanos. La nueva ola de criptodivisas está cambiando las reglas de la economía mundial tal y como la conocemos. Antes de la llegada de las criptomonedas, los sistemas bancarios tradicionales han dominado la economía mundial actuando como intermediarios que facilitan el intercambio monetario entre personas y organizaciones. La eficiencia operativa del sistema tiene un alto coste, que se traduce en la creación de intermediarios innecesarios, burocracia y elevadas comisiones por transacciones financieras, especialmente en el caso de las transacciones transfronterizas. Las criptomonedas ofrecen un cambio en este paradigma en el que las transacciones realizadas a través de estas plataformas son más baratas, más rápidas y menos burocráticas. Este nuevo sistema elimina intermediarios, ofrece anonimato y seguridad de las transacciones frente a partes malintencionadas. Las autoridades centrales no pueden manipular ni regular totalmente las criptomonedas, lo que sitúa a estos sistemas descentralizados en la misma categoría que el oro y otros metales preciosos como la plata, que mantienen su valor sin regulación. La aparición de las criptomonedas también ha llevado la tecnología blockchain a la vanguardia de los avances dignos de exploración en el sector financiero. La tecnología blockchain es una base de datos de libro mayor distribuido por una extensa red de ordenadores que almacena las transacciones bloque a bloque. La naturaleza descentralizada y autónoma de esta base de datos garantiza la transparencia y la seguridad de los datos. Esta característica hace posible que cualquiera pueda acceder a la información de estos bloques que validan la fecha, hora e importe de las transacciones, lo que aumenta la transparencia del proceso y reduce la posibilidad de actividades fraudulentas e ilegales. La tecnología blockchain ofrece un amplio y versátil abanico de aplicaciones más allá de las criptomonedas, incluyendo sistemas de votación, métodos seguros de identificación y protección de la propiedad intelectual. La influencia de las criptomonedas y la tecnología blockchain no se limita al mundo desarrollado, pero sus implicaciones son potencialmente más profundas en el mundo en desarrollo. Muchos países en desarrollo han experimentado recesiones económicas debido a crisis financieras recurrentes, devaluación de la moneda e inflación. Las criptomonedas ofrecen un depósito de valor alternativo que permite a las personas almacenar su riqueza en una forma de moneda más estable y segura. Las criptodivisas son globales y permiten prescindir de las monedas nacionales, inestables y propensas a la corrupción o la manipulación, con lo que se igualan las condiciones de competencia entre países. Las criptomonedas ofrecen acceso a transacciones financieras seguras en regiones donde los sistemas bancarios tradicionales son inaccesibles o caros. La característica de anonimato de las criptomonedas aborda la opresión política al permitir que las personas que viven en regímenes opresivos escapen a la vigilancia financiera que podría exponerles a represalias estatales. Las criptomonedas democratizan los servicios financieros, haciendo posible hacer negocios de forma segura y eficiente fuera de los sistemas centralizados, un beneficio crucial para las personas que viven en zonas en crisis. A pesar de los numerosos beneficios asociados al uso de criptomonedas, éstas conllevan importantes retos. Uno de los principales retos asociados a las criptomonedas es la percepción de que facilitan las actividades ilícitas, los planes fraudulentos y la piratería informática, lo que las convierte en un método atractivo para el blanqueo de capitales, la ciberdelincuencia y las actividades de narcotráfico. La falta de regulación y aplicación de la ley para hacer frente a estos problemas ha llevado a la creación de leyes, reglamentos e iniciativas políticas en todo el mundo, incluyendo la Unión Europea y los Estados Unidos. Estas iniciativas intentan regular el uso de las criptomonedas para evitar su uso indebido. Países como China y Bangladesh han prohibido totalmente el uso de criptomonedas. Las criptomonedas también son propensas a la volatilidad, con grandes fluctuaciones de valor, en comparación con la moneda tradicional. La volatilidad de los precios es un obstáculo importante para lograr un ecosistema de criptomonedas estable, ya que los precios fluctúan drásticamente en un día, lo que provoca pérdidas inesperadas para usuarios e inversores. Otro reto importante que plantean las criptomonedas es su consumo energético derivado de la generación de problemas matemáticos durante la minería. Este proceso requiere una gran potencia de cálculo, que a su vez requiere una cantidad significativa de energía. El coste energético asociado a la minería de criptomonedas se ha convertido en un importante motivo de preocupación entre los ecologistas a medida que la gente se pasa a las criptomonedas. Los críticos afirman que invertir en criptomonedas fomenta prácticas medioambientales perjudiciales, ya que requiere un consumo de energía a gran escala para minar y crear criptomonedas. La minería de criptomonedas conduce a la concentración de poder en pequeños grupos de minería, promoviendo la centralización, anulando su naturaleza descentralizada y poniendo en peligro la seguridad del sistema. La aparición de las criptomonedas está cambiando las reglas de la economía mundial, planteando un reto a los sistemas bancarios y financieros tradicionales. La tecnología blockchain que permiten las criptomonedas tiene el potencial de revolucionar el sector financiero más allá de las transacciones, incluyendo el sector sanitario, la protección de la propiedad intelectual y los sistemas de votación. Aunque las criptomonedas ofrecen importantes ventajas en comparación con la banca tradicional, conllevan varios retos como la volatilidad y el posible uso indebido de las transacciones para actividades ilícitas como la piratería informática y el tráfico de drogas. El uso de las criptomonedas sigue siendo un debate muy controvertido entre los responsables políticos de todo el mundo. Los efectos sustanciales de las criptomonedas en la sociedad son innegables.

XIII. DEBATE EN TORNO A LAS CRIPTOMONEDAS

La aparición de las criptomonedas ha suscitado un intenso debate entre economistas, responsables políticos e inversores. Los partidarios las consideran una solución innovadora a los problemas asociados a las monedas tradicionales, mientras que los detractores sostienen que las criptodivisas son una burbuja especulativa o un refugio para actividades ilícitas. Una de las principales ventajas de las criptomonedas es que ofrecen una moneda digital descentralizada, entre iguales, que no está sujeta al control de gobiernos o bancos centrales. Esto tiene el potencial de reducir los costes de transacción, aumentar la accesibilidad financiera y conducir a una mayor inclusión financiera. Las criptomonedas se basan en la tecnología blockchain, que proporciona una forma segura y transparente de registrar las transacciones. Sus defensores afirman que la cadena de bloques tiene el potencial de transformar una amplia gama de sectores, desde las finanzas a la sanidad, pasando por la gestión de la cadena de suministro. Por otro lado, los críticos sostienen que las criptomonedas son muy volátiles y carecen de la estabilidad necesaria para funcionar como un medio de intercambio fiable. En ausencia de supervisión gubernamental, las criptomonedas son vulnerables a la manipulación del mercado y al fraude, como demuestran las numerosas estafas y hackeos que han asolado el sector. Las criptomonedas se han asociado a actividades ilegales como el blanqueo de dinero, la evasión fiscal y el tráfico de drogas. Muchos sostienen que las criptomonedas son una burbuja especulativa que está destinada a explotar, con precios impulsados más por el bombo publicitario que por los fundamentos subyacentes del mercado. A pesar de estas críticas, las criptomonedas han ganado terreno en los últimos años y muchos gobiernos y empresas están explorando su potencial. Por ejemplo, el gobierno chino ha estado probando un yuan digital, cuyo objetivo es sustituir el papel moneda y proporcionar una mayor inclusión financiera. Del mismo modo, grandes empresas como IBM y Walmart están experimentando con la tecnología blockchain para mejorar la eficiencia y la transparencia de la cadena de suministro.

Una de las aplicaciones más prometedoras de las criptomonedas son las remesas, que constituyen el sustento de muchos hogares de renta baja en los países en desarrollo. Tradicionalmente, las remesas han sido lentas y caras, con elevadas comisiones y largos tiempos de espera. Las criptomonedas ofrecen una alternativa más rápida, barata y cómoda, que permite a los trabajadores migrantes enviar dinero a sus familias sin intermediarios. Esto puede aumentar la inclusión financiera y reducir la pobreza. Varias empresas emergentes, como BitPesa y Abra, ya ofrecen servicios de envío de remesas mediante criptomonedas. Otro beneficio potencial de las criptomonedas es la privacidad financiera. En una época de creciente vigilancia y violación de datos, a muchas personas les preocupa proteger su información financiera. Las criptomonedas ofrecen un nivel de anonimato y seguridad que las instituciones financieras tradicionales no pueden igualar. Esta misma característica ha suscitado preocupación por su uso en actividades ilegales como el blanqueo de capitales y la financiación del terrorismo. Los reguladores están tratando de encontrar un equilibrio entre las ventajas de la privacidad y la necesidad de prevenir actividades delictivas. El impacto de las criptomonedas en la economía mundial aún está evolucionando, y queda por ver si serán una fuerza disruptiva o una moda pasajera. Está claro que las criptomonedas están desafiando las nociones tradicionales de dinero y finanzas, y que tienen el potencial de transformar la forma en que realizamos transacciones y negocios. Mientras seguimos explorando las posibilidades de las criptomonedas y la cadena de bloques, también debemos abordar los retos y riesgos asociados a ellas, y desarrollar marcos reguladores que promuevan la innovación y protejan a los consumidores.

OPINIONES OPUESTAS SOBRE LAS CRIPTOMONEDAS

Existen varias perspectivas divergentes sobre el impacto de las criptomonedas, tanto a corto como a largo plazo. Algunos defensores sostienen que las criptomonedas representan un cambio transformador que se aleja de las finanzas tradicionales, permitiendo un acceso descentralizado y democrático a servicios financieros que eluden el sistema bancario tradicional. Esta visión suele ir acompañada de una utopía de mercados libres y abiertos, facilitados por tecnologías como blockchain, que son transparentes, seguras y esencialmente incorruptibles.

Otros siguen mostrándose escépticos ante las criptomonedas, considerándolas una burbuja especulativa o incluso herramientas peligrosas para actividades delictivas como el blanqueo de dinero, la evasión fiscal y la financiación del terrorismo. Aunque reconocen los beneficios potenciales de la descentralización y la seguridad, advierten de peligros potenciales como la volatilidad, la falta de regulación y la ausencia de rendición de cuentas, que pueden conducir a la inestabilidad, el fraude y el riesgo sistémico. También destacan el posible coste medioambiental de los algoritmos de prueba de trabajo, que requieren grandes cantidades de energía para validar las transacciones. Algunos gobiernos han tomado medidas para regular las criptomonedas, mientras que otros las han prohibido directamente. Existe un creciente debate sobre el papel de las criptomonedas en la economía mundial. Mientras que algunos las ven como fuerzas disruptivas que desafían las estructuras de poder establecidas y facilitan los flujos transfronterizos de capital e información, otros creen que pueden exacerbar la desigualdad y minar la estabilidad de las monedas soberanas. Algunos países, como China, han tratado de desarrollar sus propias monedas digitales como medio de controlar las transacciones dentro de sus fronteras, mientras que otros han adoptado las criptomonedas como herramienta para promover la inclusión financiera y el crecimiento económico.

El futuro de las criptomonedas sigue siendo incierto y probablemente dependerá de una serie de factores, como las tasas de adopción, la regulación gubernamental, los avances tecnológicos, las tendencias del mercado y la opinión pública. Una cosa está clara: las criptomonedas han llegado para quedarse y seguirán configurando la economía mundial de forma profunda e impredecible. Está por ver si marcarán el comienzo de una nueva era de libertad financiera e innovación o si simplemente serán una moda pasajera. La clave está en un equilibrio entre las ventajas y los riesgos de esta tecnología emergente y garantizar que beneficie a todas las partes interesadas, no sólo a unos pocos privilegiados.

ARGUMENTOS A FAVOR DE LAS CRIPTOMONEDAS

A pesar de las preocupaciones que suscitan las criptomonedas, hay varias razones por las que los inversores y las empresas muestran interés y apoyo por ellas. Para empezar, las criptomonedas están descentralizadas, lo que significa que no están bajo el control de una autoridad central como un banco central, un gobierno o una institución financiera. Como resultado, ofrecen mayor libertad y eficiencia en las transacciones financieras, especialmente en las transfronterizas. Por ejemplo, los pagos transfronterizos tradicionales pueden tardar varios días en completarse, con elevadas comisiones por transacción y estrictas regulaciones. Con las criptomonedas, estas transacciones pueden completarse en cuestión de minutos, con comisiones más bajas y una interferencia reguladora reducida. Otra ventaja de las criptomonedas es su potencial para aumentar la inclusión financiera, sobre todo en las regiones del mundo con escasa o nula bancarización. Según el Banco Mundial, aproximadamente el 1,7 mil millones de personas en todo el mundo no están bancarizadas, lo que significa que no tienen acceso a los servicios financieros tradicionales. Las criptomonedas pueden ofrecer un método alternativo de realizar transacciones y almacenar valor que no dependa de una cuenta bancaria, un historial crediticio o una identificación oficial. Esto puede dar a las poblaciones marginadas la posibilidad de participar en la economía mundial, lo que puede tener un impacto significativo en la reducción de la pobreza y el desarrollo económico. Las criptomonedas tienen comisiones de transacción bajas o casi nulas que cobran los bancos e instituciones financieras tradicionales. Las comisiones pueden oscilar entre el 1% y el 3%, lo que supone una cantidad considerable cuando alguien realiza una transacción de un valor elevado. Con las criptomonedas, el coste de transferir valor es casi nulo. Esto puede atribuirse a la red peer-to-peer que establece la oportunidad de una transacción directa remitente-receptor sin necesidad de intermediarios. Como resultado, las criptomonedas ofrecen una excelente propuesta de valor para comerciantes o consumidores finales. Además de ser gratuitas en cuanto a costes, las criptomonedas aportan la ventaja añadida de la velocidad de las transacciones. Se tarda unos minutos o segundos en completar una transacción. En cambio, los bancos tradicionales, las instituciones financieras u otros proveedores de pasarelas de pago tardan de minutos a horas en completar la misma transacción. Este rápido proceso de transacción garantiza que las partes implicadas en la transacción completen sus operaciones en poco tiempo, lo que es esencial en el funcionamiento de las empresas. Las criptomonedas han demostrado ser un método seguro y transparente de realizar transacciones. A diferencia de los sistemas bancarios tradicionales, en los que intervienen intermediarios en las transacciones, la cadena de bloques es segura, lo que dificulta la manipulación de los datos. Este método seguro de intercambio de valor resulta atractivo para las empresas, especialmente en tiempos de comercio internacional, en los que las primeras formas de pago muestran importantes dificultades de transparencia. Las criptomonedas pueden ofrecer una cobertura atractiva contra la inflación y la devaluación de la moneda. La oferta de la mayoría de las criptomonedas es limitada y son independientes de un gobierno o una política monetaria concretos. Esto puede hacerlas más estables que las monedas fiduciarias tradicionales. Por ejemplo, en países con altos niveles de inflación o inestabilidad política, las criptomonedas pueden ofrecer una alternativa más segura y estable que las divisas tradicionales. Muchos partidarios creen que las criptomonedas pueden reducir los delitos financieros, como el blanqueo de dinero. Las medidas de seguridad de la cadena de bloques pueden ayudar a descentralizar las transacciones financieras, dificultando su manipulación. Esto garantizaría una mayor transparencia en las transacciones financieras y facilitaría a las fuerzas de seguridad el seguimiento de los delitos financieros, reduciendo el carácter delictivo de dichas transacciones. También ha sido posible realizar transacciones sin compartir información personal sobre las dos partes implicadas, lo que proporciona anonimato. Las criptomonedas podrían proporcionar más privacidad en la banca, reduciendo la cantidad de datos personales que se conocen sobre las personas que las utilizan para realizar transacciones. Las criptomonedas pueden reducir el riesgo de robo de identidad y fraude. La mayoría de las transacciones financieras están vinculadas a información personal, a la que piratas informáticos y delincuentes pueden acceder fácilmente. Las criptomonedas utilizan sofisticadas técnicas de cifrado para proteger las transacciones, lo que dificulta que terceros roben información personal o pirateen cuentas. La tecnología blockchain garantiza que las transacciones sean transparentes, inmutables e irreversibles, lo que las hace muy resistentes al fraude. Las criptomonedas están llamadas a revolucionar el sistema financiero mundial, con varias ventajas sobre los sistemas bancarios tradicionales. Aunque no están exentas de problemas, sus ventajas las convierten en una herramienta potencialmente valiosa para la inclusión financiera, las transacciones transfronterizas y la cobertura frente a la inflación. No cobran comisiones o las que cobran son bajas, procesan las transacciones con rapidez, aumentan la transparencia y la seguridad, reducen los delitos financieros y pueden reducir el robo de identidad y el fraude. Para las empresas, en particular, las criptomonedas ofrecen un inmenso valor en el actual panorama mundial.

RESOLUCIONES SOBRE EL DEBATE EN TORNO A LAS CRIPTOMONEDAS

El debate en torno a las criptomonedas ha sido acalorado y polifacético, con partidarios y detractores defendiendo ferozmente sus respectivas posturas. A pesar de ello, han surgido algunas propuestas de resolución como posibles formas de abordar los problemas que rodean a esta nueva clase de activos digitales. Una de ellas es una regulación gubernamental más estricta de las criptomonedas, similar a la de los mercados financieros tradicionales. Los partidarios de este planteamiento sugieren que podría aumentar la confianza de los inversores y estabilizar el mercado, además de prevenir actividades fraudulentas como el blanqueo de dinero. Los detractores sostienen que este tipo de regulación podría ahogar la innovación y el crecimiento del sector, y que la naturaleza intrínsecamente descentralizada de las criptomonedas las hace resistentes al control gubernamental. Otra propuesta de resolución implica el desarrollo de tecnologías blockchain alternativas. Muchos observadores creen que los problemas asociados a las criptomonedas existentes se derivan de las ineficiencias y limitaciones de su tecnología de cadena de bloques subyacente. Las plataformas de cadena de bloques más recientes, como EOS, Cardano y Polkadot, prometen resolver estas deficiencias permitiendo tiempos de transacción más rápidos, mayor escalabilidad y seguridad mejorada. Con la adopción de estas nuevas tecnologías, el sector de las criptomonedas puede superar muchos de los obstáculos técnicos que han dificultado su crecimiento y adopción. Por otra parte, hay quien sugiere que la mejor manera de resolver el debate en torno a las criptomonedas es simplemente dejar que el mercado se desenvuelva y permita que encuentre su equilibrio. A medida que aumenten las tasas de adopción y entren más actores en el mercado, es probable que la industria se autocorrija y se haga más eficiente con el tiempo. Los retrocesos de la cadena de bloques de Bitcoin en el pasado han provocado controversia sobre la inmutabilidad de la tecnología, pero la cadena de bloques ha demostrado ser resistente incluso después de bifurcarse, que es cuando hay desacuerdos significativos dentro de la comunidad sobre cómo proceder. Con el tiempo, estos problemas podrían resolverse a medida que más personas utilicen y comprendan las criptodivisas. Una última solución que merece la pena considerar es la colaboración entre el sector de las criptomonedas y las instituciones financieras tradicionales. Al asociarse con actores establecidos del sector financiero, las criptomonedas podrían ganar mayor legitimidad y adopción generalizada. Algunos bancos y empresas financieras ya han empezado a explorar el uso de blockchain para sus propias operaciones, y la creación de monedas digitales por parte de los bancos centrales podría consolidar aún más el lugar de las criptodivisas en la economía mundial. Todavía hay quien cree que la ideología fundamental que subyace a las criptomonedas choca con los valores del sector financiero tradicional, lo que hace que esta resolución sea difícil de alcanzar. El debate en torno a las criptomonedas es complejo y polifacético, y no existe una solución única para todos los problemas. Lo que está claro, sin embargo, es que el auge de las criptomonedas está provocando un cambio fundamental en nuestra forma de pensar sobre el dinero, la economía y la economía mundial en general. A medida que el mundo se vuelve cada vez más descentralizado y digital, es probable que las criptomonedas desempeñen un papel cada vez más importante en el panorama financiero. Corresponde a todas las partes interesadas, desde los reguladores a los empresarios y los consumidores, trabajar juntos para navegar por los retos y oportunidades que surgen de esta nueva y emocionante frontera. Ya sea a través de la regulación gubernamental, la innovación tecnológica, la dinámica del mercado o la colaboración con las instituciones financieras tradicionales, sólo mediante la búsqueda de nuevas soluciones y perspectivas podremos aprovechar plenamente el potencial de las criptomonedas en beneficio de todos. Las criptomonedas son una innovación altamente disruptiva que está definiendo cada vez más el futuro de la economía mundial. En esencia, las criptomonedas son formas de moneda descentralizadas, digitales y seguras que pueden intercambiarse directamente entre personas sin bancos, intermediarios financieros ni autoridades reguladoras. Esta innovación surgió en respuesta a la crisis financiera de 2008, que puso de manifiesto las debilidades del sistema financiero tradicional y la necesidad de una forma más transparente, eficiente y democrática de realizar transacciones. Desde entonces, las criptomonedas se han hecho cada vez más populares e influyentes, siendo Bitcoin la más conocida y valiosa de ellas. Hoy circulan miles de criptomonedas, cada una con sus propias características, objetivos y valores. Las criptomonedas están cambiando las reglas de la economía mundial de múltiples maneras, desde perturbar el sistema financiero tradicional hasta crear nuevas oportunidades de inversión, innovación y cambio social. Uno de

245

los impactos más significativos de las criptomonedas es su potencial para perturbar el sistema financiero tradicional y desafiar el poder de bancos, gobiernos y autoridades reguladoras. Las criptomonedas eluden muchos de los intermediarios y barreras que se han utilizado tradicionalmente para controlar y regular las transacciones financieras, lo que significa que pueden operar de forma más rápida, transparente y barata que las monedas tradicionales. También proporcionan más privacidad y seguridad a los usuarios, ya que utilizan técnicas avanzadas de encriptación para proteger la información sensible y evitar fraudes, robos o pirateos. Esto hace que las criptomonedas resulten especialmente atractivas para las personas que no están satisfechas con el sistema financiero actual, ya sea por su preocupación por la privacidad, la seguridad o la desigualdad. Las criptomonedas también son atractivas para las personas excluidas del sistema financiero tradicional, como las que viven en regiones empobrecidas o subdesarrolladas, donde los bancos y las instituciones financieras son escasos o inaccesibles. Las criptomonedas tienen el potencial de revolucionar la forma en que las personas almacenan, transfieren e intercambian valor, y de crear un sistema financiero más democrático y equitativo que sea accesible para todos. Otro impacto de las criptomonedas es su capacidad para crear nuevas oportunidades de inversión, innovación y cambio social. Las criptomonedas son muy volátiles y especulativas, lo que significa que pueden utilizarse como herramientas de especulación, inversión y comercio. Esto ha creado un nuevo ecosistema de bolsas, mercados y fondos de criptomonedas que permiten comprar, vender e intercambiar criptomonedas con fines lucrativos. Las criptomonedas también están posibilitando nuevos modelos de negocio y formas de emprendimiento, ya que permiten a las personas crear e intercambiar activos digitales que pueden representar cualquier cosa, desde propiedad intelectual hasta bienes inmuebles. Esto ha propiciado la aparición de nuevas plataformas, aplicaciones y servicios basados en blockchain que pretenden transformar diversos sectores, desde las finanzas hasta la sanidad o el entretenimiento. Las criptomonedas también están permitiendo nuevas formas de cambio social y activismo, ya que permiten a las personas apoyar causas o proyectos que se alinean con sus valores y creencias. Por ejemplo, las criptomonedas se han utilizado para apoyar causas humanitarias, iniciativas medioambientales y movimientos políticos. A pesar de estos beneficios potenciales, las criptomonedas también se enfrentan a numerosos retos y críticas que afectan a su potencial para cambiar las reglas de la economía mundial. Una de las principales críticas a las criptomonedas es su falta de regulación y supervisión, que ha suscitado preocupación por el blanqueo de dinero, el fraude y otras actividades ilegales. Las criptomonedas también han sido criticadas por su alto consumo de energía, ya que su minería y uso requieren una cantidad significativa de potencia de cálculo y electricidad. Esto ha suscitado preocupación por el impacto medioambiental de las criptomonedas y la sostenibilidad de su crecimiento. Las criptomonedas también han sido criticadas por su volatilidad e inestabilidad, que pueden convertirlas en una inversión de riesgo y crear incertidumbre e inestabilidad en el sistema financiero. Las criptomonedas han sido criticadas por su falta de escalabilidad, ya que su infraestructura y tecnología se encuentran aún en las primeras fases de desarrollo y no pueden soportar la adopción masiva y el uso generalizado de las criptomonedas. Las criptomonedas son una innovación altamente disruptiva y transformadora que está cambiando las reglas de la economía mundial de múltiples maneras. Están perturbando el sistema financiero tradicional, creando nuevas oportunidades de inversión, innovación y cambio social, y permitiendo una mayor democratización y transparencia en las transacciones financieras. Las criptomonedas también se enfrentan a numerosos retos y críticas que limitan su potencial de impacto global. Es probable que las criptomonedas sigan evolucionando y desarrollándose en los próximos años, a medida que se vayan adoptando e integrando en la economía mundial. El futuro de las criptomonedas dependerá de la forma en que aborden estos retos y críticas, y de la eficacia con que adopten e integren nuevas tecnologías, normativas y modelos de gobernanza. Las criptomonedas son un tema importante y fascinante para cualquier persona interesada en el futuro de la economía mundial.

XIV. CONCLUSIÓN

La aparición de las criptomonedas es un acontecimiento significativo que está cambiando las reglas de la economía mundial. Representan una alternativa a las monedas fiduciarias tradicionales, con sus características y capacidades únicas como sistemas de pago descentralizados y entre iguales. Las criptomonedas tienen el potencial de reducir los costes de transacción para particulares, empresas y gobiernos, al tiempo que aumentan la inclusión financiera y el crecimiento económico. Su impacto en la economía mundial aún no se conoce del todo, y todavía existen riesgos y retos importantes asociados a su uso, como la seguridad, la escalabilidad y las cuestiones normativas. A pesar de los retos, las criptomonedas ya han tenido un impacto profundo y duradero en la economía mundial. Han trastornado la industria financiera, desafiado el dominio de los bancos y otros intermediarios y creado nuevas oportunidades para la innovación y el emprendimiento. Las criptomonedas también han suscitado un debate sobre el futuro del dinero, el papel de los bancos centrales y el poder de los gobiernos sobre el sistema financiero. De cara al futuro, está claro que las criptomonedas seguirán desempeñando un papel importante en la economía mundial, a medida que más personas y empresas las adopten y adopten su tecnología subyacente. La tecnología blockchain, que es la base de la mayoría de las criptomonedas, tiene el potencial de revolucionar muchos sectores, desde las finanzas y la logística hasta la sanidad y el entretenimiento. A medida que surjan más casos de uso y la tecnología madure, la cadena de bloques y las criptomonedas se generalizarán, creando nuevos modelos de negocio, puestos de trabajo y oportunidades de inversión. La adopción generalizada de las criptomonedas no está exenta de dificultades. Siguen existiendo importantes barreras a la entrada y la adopción, como la falta de educación y concienciación, una infraestructura deficiente y la incertidumbre normativa. Los gobiernos y los organismos reguladores de todo el mundo siguen debatiendo cómo regular y controlar las criptomonedas, y algunos países las prohíben totalmente, mientras que otros están experimentando con un enfoque más permisivo. Existen importantes riesgos asociados a las criptomonedas, como el fraude, la piratería informática y el blanqueo de dinero. La falta de regulación y supervisión en el mercado de las criptomonedas ha dado lugar a la proliferación de estafas y fraudes, y muchos inversores han perdido dinero en proyectos y OIC cuestionables. La falta de una red de seguridad o un sistema de seguro de depósitos para los inversores en criptomoneda también les expone a un mayor riesgo financiero que los inversores tradicionales. A pesar de estos riesgos y desafíos, el futuro de las criptomonedas y su impacto en la economía mundial es muy prometedor. Las criptomonedas ya han demostrado que tienen el potencial de transformar la industria financiera, eludiendo a los intermediarios tradicionales y permitiendo transferencias de dinero rápidas, baratas y seguras a través de las fronteras. A medida que más personas y empresas adopten las criptomonedas, sus ventajas serán más evidentes, lo que impulsará el crecimiento y la innovación en este ámbito. Las criptomonedas son una tecnología nueva y disruptiva que ya está cambiando profundamente las reglas de la economía mundial. Ofrecen una alternativa descentralizada y de igual a igual a las monedas fiduciarias tradicionales, con características y capacidades únicas que tienen el potencial de impulsar la inclusión financiera, el crecimiento económico y la innovación. Su adopción generalizada aún se ve obstaculizada por importantes barreras y desafíos, como la incertidumbre regulatoria, los riesgos de seguridad y la falta de educación y concienciación. El futuro de las criptomonedas y su impacto en la economía mundial dependerán de cómo se aborden estos retos y de la rapidez con que mejoren la tecnología y la infraestructura. No obstante, está claro que las criptomonedas han llegado para quedarse y seguirán transformando nuestra forma de concebir el dinero, las finanzas y la economía.

RESUMEN DE LOS PUNTOS CLAVE

Las criptomonedas están emergiendo rápidamente como una nueva y revolucionaria forma de moneda que está cambiando las reglas tradicionales de la economía mundial. En esencia, las criptomonedas utilizan la tecnología blockchain, que permite realizar transacciones seguras y descentralizadas sin necesidad de una autoridad central. Esta tecnología tiene el potencial de trastornar muchas industrias, en particular los servicios financieros, al eliminar la necesidad de intermediarios y reducir los costes asociados a las transacciones. Las criptomonedas ofrecen a los inversores nuevas oportunidades de inversión y especulación, pero también plantean riesgos debido a su extrema volatilidad y a la falta de regulación. A pesar de estos riesgos, muchos particulares y empresas están adoptando las criptomonedas como medio para realizar negocios e invertir de cara al futuro. Existe la preocupación por el impacto medioambiental de la minería de criptomonedas, así como por su posible uso para actividades ilícitas como el blanqueo de dinero. A medida que el mercado de criptomonedas siga evolucionando, será importante considerar cuidadosamente los riesgos y beneficios de esta nueva clase de activos, y cómo puede afectar al futuro de la economía mundial.

IMPORTANCIA DE LAS CRIPTOMONEDAS EN LA ECONOMÍA MUNDIAL

La aparición de las criptomonedas ha tenido un impacto significativo en la economía mundial, cambiando las reglas de la transacción del dinero y la distribución de la riqueza en todo el mundo. En los últimos años, las criptomonedas han sido objeto de creciente atención y adopción, despertando el interés de inversores, instituciones financieras y gobiernos por igual. Esto marca un cambio fundamental en la forma tradicional en que los individuos y las entidades han interactuado con los sistemas financieros. Las criptomonedas son activos digitales descentralizados que permiten transacciones entre pares sin necesidad de intermediarios como bancos, tarjetas de crédito u otras instituciones financieras tradicionales. Esta tecnología no sólo aumenta la eficiencia de las transacciones monetarias, sino que también es precursora de una economía digital más segura. La mayor importancia de las criptomonedas es el potencial que ofrecen para impulsar la innovación y el crecimiento económico. Las criptomonedas han creado nuevas formas de almacenar, invertir e intercambiar valor. Monedas digitales como Bitcoin, Ethereum y Ripple han desafiado el control del sistema bancario tradicional sobre la industria financiera. Los entusiastas de las criptomonedas y el blockchain han sido responsables del crecimiento de un nuevo sector industrial. Ha generado una innovación que ha ayudado a crear nuevas oportunidades de mercado en todo el mundo. La industria de la criptomoneda también ha generado una serie de nuevos puestos de trabajo, como los desarrolladores de blockchain, para satisfacer la creciente demanda. Las criptomonedas pueden cambiar el panorama mundial de los pagos. Permiten realizar transacciones sin fronteras con comisiones reducidas y plazos de liquidación más rápidos que los métodos tradicionales. Esto es especialmente importante para los países sin acceso a los sistemas bancarios tradicionales, la inclusión financiera y las remesas internacionales. Un pago realizado en criptomoneda es más barato debido a una tasa de transacción reducida y ofrece acceso a servicios financieros a millones de usuarios no bancarizados en todo el mundo. Esto puede aumentar significativamente la actividad económica en regiones que antes estaban desatendidas, ofreciendo más transacciones a las personas con comodidad y seguridad. Las características de las criptodivisas las convierten en una atractiva cartera de inversión para muchos inversores. Las criptomonedas ofrecen un alto nivel de seguridad, privacidad y transparencia a través de la tecnología blockchain. Este elevado nivel de seguridad garantiza que las criptodivisas no puedan falsificarse ni duplicarse, lo que mitiga los riesgos de seguridad. La transparencia en su uso para las transacciones y la rendición de cuentas por parte de los titulares de criptoactivos a través de estrictas normas reguladoras garantizan la máxima transparencia, protegiendo así las transacciones de agentes corruptos. Por otro lado, las criptomonedas pueden crear nuevas formas de eludir las restricciones financieras impuestas por los Estados. El anonimato que ofrecen las criptomonedas es lo que atrae las transacciones ilegales a la plataforma. Como tal, esto supone un gran reto para los gobiernos de todo el mundo. Por ejemplo, el blanqueo de dinero, la evasión fiscal y la financiación del terrorismo. Los responsables políticos han estado luchando para llegar a regular las criptomonedas para evitar que tengan consecuencias imprevistas que planteen riesgos potenciales para la economía mundial. A pesar de estas preocupaciones, las criptomonedas y la tecnología blockchain también pueden facilitar el cumplimiento de la normativa sobre Conozca a su Cliente (KYC), contra el blanqueo de capitales y contra la Financiación del Terrorismo (CTF), proporcionando así un marco eficiente para que los gobiernos regulen las monedas digitales y construyan un camino seguro para crear un ecosistema financiero nuevo y más justo. La vía elegida por los gobiernos y las partes interesadas para regular las monedas digitales ofrecerá nuevas oportunidades o presentará nuevos riesgos.

Las criptomonedas han tenido un gran impacto en la economía mundial, proporcionando nuevas oportunidades de crecimiento, inversión e inclusión financiera, y facilitando transacciones sin fronteras y más seguras que nunca. A medida que los bancos centrales deliberan sobre el establecimiento de sus propias monedas digitales, cada vez hay más pruebas que sugieren que esta nueva tecnología puede ser parte integrante de la economía mundial. El mercado de las criptomonedas está cambiando el ecosistema financiero, facilitando la inclusión financiera, haciendo que los flujos de dinero sean más eficientes, rentables y accesibles para todos, al tiempo que se mitigan los riesgos de actividades fraudulentas y transacciones ilícitas. Los gobiernos y las partes interesadas mantienen la cautela mientras los reguladores buscan formas de evitar que las consecuencias imprevistas de las criptomonedas tengan riesgos devastadores para la economía mundial. Hay espacio para innovar y hacer crecer el sector de las criptomonedas para quienes se centran en encontrar soluciones innovadoras y éticas aprovechando las tecnologías emergentes. No obstante, es evidente que las criptomonedas no son una moda pasajera, sino un presagio del futuro de la economía mundial.

IMPACTO PREVISTO DE LAS CRIPTOMONEDAS

A la hora de evaluar el impacto de las criptomonedas, es crucial tener en cuenta que su influencia es polifacética. Desde una perspectiva financiera, las criptomonedas tienen el potencial de remodelar el sistema bancario tradicional. Debido a su naturaleza descentralizada, permiten realizar transacciones entre iguales sin necesidad de terceras instituciones, como los bancos. Esta característica tiene la capacidad de perturbar el sector bancario tradicional, ya que los consumidores pueden dejar de necesitar depender de una autoridad centralizada para gestionar sus finanzas. Si bien esto puede conducir a una disminución de la rentabilidad de los bancos, también puede conducir a una mayor libertad financiera para las personas al erradicar la necesidad de intermediarios y reducir las comisiones por transacción. Las criptomonedas ofrecen una mayor transparencia en las transacciones financieras, ya que cada operación se registra en un libro mayor público. Esta transparencia podría ayudar a combatir la corrupción y las actividades fraudulentas, ya que cada transacción puede rastrearse hasta su origen. Otra posible repercusión de las criptomonedas es en la economía mundial. El uso global de criptodivisas como moneda podría dar lugar a una economía sin fronteras en la que particulares e instituciones pudieran realizar transacciones transfronterizas sin la interferencia de autoridades intermediarias. Este tipo de sistema podría revolucionar el comercio internacional haciéndolo más fácil, más rápido y menos costoso. Las transacciones transfronterizas suelen conllevar gastos de intermediación, retrasos y tipos de cambio que pueden erosionar el valor de la transacción. Las criptomonedas, con su infraestructura descentralizada, podrían hacer que estos problemas fueran irrelevantes. El uso de criptomonedas podría, en teoría, eliminar los riesgos cambiarios. Las criptomonedas podrían comprarse y venderse en distintos países y utilizarse para adquirir bienes y servicios sin preocuparse por las fluctuaciones monetarias. Esto, a su vez, podría dar lugar a una economía mundial más estable.

El impacto futuro de las criptomonedas no es del todo positivo. Por un lado, la falta de regulación y supervisión en el sector significa que existe la posibilidad de que se produzcan actividades fraudulentas, como el blanqueo de dinero, la evasión fiscal y la financiación del terrorismo. Las criptomonedas ofrecen una forma anónima e imposible de rastrear de realizar transacciones, lo que podría hacerlas atractivas para personas y organizaciones dedicadas a actividades ilegales. El uso de criptomonedas podría exacerbar la desigualdad económica.

Las criptomonedas dependen de una infraestructura digital (dispositivos informáticos, electricidad y acceso a Internet), lo que significa que no todo el mundo tiene igual acceso a ellas. Las personas que viven en países de renta baja pueden no tener acceso a la tecnología necesaria para utilizar las criptomonedas de forma eficaz, lo que puede agravar la disparidad económica. Las criptomonedas son volátiles, lo que podría hacerlas inadecuadas para su uso como moneda estable. El valor de las criptomonedas puede experimentar enormes fluctuaciones en periodos cortos, lo que las hace poco fiables para transacciones que requieren un depósito de valor estable. Por ejemplo, el valor de Bitcoin, la criptodivisa más famosa, ha sufrido fluctuaciones extremas a lo largo de los años. En diciembre de 2017, alcanzó su máximo histórico de casi 20.000 dólares antes de desplomarse a menos de 4.000 dólares solo un año después. El valor de otras criptodivisas es igualmente volátil y está sujeto a rápidas oscilaciones de precios. No se puede ignorar el impacto medioambiental de las criptomonedas. El proceso de minería necesario para crear nuevas monedas digitales consume cantidades significativas de energía. A medida que aumenta la dificultad de generar nuevas monedas, también lo hace la cantidad de energía necesaria para mantener la red de criptomonedas. La cantidad de energía utilizada para crear y mantener las redes de criptomonedas podría provocar un aumento de las emisiones de carbono, lo que podría perjudicar al medio ambiente mundial. La aparición de las criptomonedas tiene el potencial de perturbar la industria financiera y el comercio internacional. Ofrecen mayor transparencia, eliminan las comisiones de intermediación y pueden hacer que las transacciones transfronterizas sean más rápidas y accesibles. Su descentralización también implica una falta de supervisión reguladora, lo que podría dar lugar a actividades fraudulentas. La volatilidad de las criptomonedas y su dependencia de una infraestructura digital podrían exacerbar la desigualdad económica. También preocupa el impacto medioambiental de las criptomonedas, ya que su proceso de minería consume grandes cantidades de energía. A medida que las criptomonedas siguen ganando popularidad, es crucial que los responsables políticos y los expertos del sector evalúen más a fondo su impacto. Las criptomonedas pueden aportar beneficios y oportunidades sin precedentes, pero es esencial comprender los riesgos inherentes asociados a ellas y trabajar para mitigar cualquier consecuencia negativa. De este modo, podemos aprovechar las ventajas de las criptomonedas y gestionar al mismo tiempo sus posibles efectos negativos. Las criptomonedas son una nueva y apasionante incorporación a la economía mundial, que está cambiando las reglas del comercio de innumerables maneras. Como monedas digitales descentralizadas, ya no están vinculadas a ningún gobierno o institución financiera en particular, y pueden utilizarse para compras e inversiones transfronterizas, sin las comisiones y restricciones de la banca tradicional. Y lo que es aún más importante, las criptomonedas están sacudiendo las nociones tradicionales de confianza y seguridad. Con algoritmos criptográficos y la tecnología blockchain, ofrecen nuevas formas de verificar las transacciones y mantener registros seguros, transparentes y resistentes a la manipulación. Por todas estas razones y más, las criptomonedas están creciendo en adopción e influencia, y muchos entusiastas las ven como una fuerza transformadora para la economía mundial. En esencia, las criptomonedas emplean sofisticados algoritmos criptográficos para verificar y rastrear las transacciones. Esto contrasta fuertemente con la banca y las finanzas tradicionales, que dependen de instituciones centralizadas para validar las transacciones y mantener los registros. Con las criptomonedas, no hay necesidad de que los bancos supervisen las transacciones o actúen como intermediarios, lo que reduce el tiempo y el coste de las transacciones y elimina a los intermediarios. Esto significa que las personas pueden pagarse unas a otras directamente, sin depender de terceras instituciones que verifiquen esas transacciones. Una de las características más notables de las criptomonedas es su descentralización. A diferencia de las divisas tradicionales, las criptomonedas no están vinculadas a ningún país, gobierno o institución financiera, y su valor no está controlado por ninguna autoridad central. En su lugar, existen como una red de transacciones entre iguales, en la que cada usuario de la red puede validar transacciones y crear nuevas monedas. Esto crea un sistema más abierto y flexible, en el que cualquiera puede participar en el sistema monetario, independientemente de su ubicación geográfica o situación financiera. Esta democratización del acceso es una parte importante de los motivos por los que las criptomonedas resultan tan interesantes para muchos. Con la banca tradicional, los habitantes de zonas rurales o de bajos ingresos suelen tener un acceso limitado a los servicios financieros, ya que los bancos tienen pocos incentivos para prestar servicios en lugares con escasa rentabilidad. Las criptomonedas, por el contrario, sólo requieren una conexión a Internet para participar, lo que significa que personas incluso en los rincones más remotos del mundo pueden comerciar con otras en cualquier parte del mundo. Esto también puede contribuir a reducir los costes de los servicios financieros, ya que los bancos y otras instituciones pueden verse obligados a competir con las criptomonedas para ofrecer servicios mejores y más baratos. Otra característica importante de las criptomonedas es su transparencia. Con las criptomonedas, cada transacción se registra en blockchain. Estos registros son inmutables y no pueden alterarse, lo que significa que los usuarios pueden verificar fácilmente que se ha producido una transacción y que nadie la ha manipulado. Esto crea un nivel de confianza entre los usuarios que no es posible con la banca tradicional, donde las transacciones suelen ser opacas y difíciles de verificar. La transparencia de las criptomonedas también las hace atractivas para gobiernos y empresas, ya que pueden utilizar la cadena de bloques para hacer un seguimiento de registros importantes. Por ejemplo, los gobiernos pueden utilizar la cadena de bloques para verificar la identidad de los ciudadanos o garantizar el recuento exacto de los votos. Del mismo modo, las empresas pueden utilizar la cadena de bloques para rastrear la procedencia de los productos o verificar la autenticidad de los documentos. En todos estos casos, la cadena de bloques proporciona un nuevo nivel de confianza y seguridad difícil de alcanzar con métodos tradicionales. Las criptomonedas no están exentas de dificultades. Uno de los mayores obstáculos a los que se enfrentan es su adopción generalizada. A pesar de sus muchas ventajas, su uso todavía no está muy extendido, y muchas personas dudan en confiar en ellas o invertir en ellas. Esto se debe en parte a su reputación de inversiones volátiles y arriesgadas, ya que sus valores pueden fluctuar enormemente en cortos periodos de tiempo. Al mismo tiempo, las criptomonedas son todavía relativamente nuevas, y mucha gente no está segura de cómo utilizarlas o de cuáles pueden ser sus beneficios. Y lo que es aún más preocupante, las criptomonedas siguen siendo vulnerables al fraude y la piratería informática. Aunque la cadena de bloques en sí es muy segura, los usuarios individuales no lo son tanto, y se han dado numerosos casos de personas que han perdido sus criptomonedas por estafas o intentos de pirateo. Del mismo modo, se han dado casos de pirateo de bolsas, que han provocado el robo de grandes cantidades de criptomonedas. Estos incidentes pueden minar la confianza en las criptomonedas y hacer que la gente se aleje de ellas. A pesar de estos retos, las criptomonedas son una tendencia emocionante y prometedora en la economía mundial. Ofrecen un nuevo tipo de sistema monetario descentralizado, transparente y resistente a la manipulación, que brinda nuevas oportunidades para el comercio y la inclusión financiera. Aunque todavía se enfrentan a muchos obstáculos en el camino hacia su adopción generalizada, ya están teniendo un impacto importante en la economía mundial, desafiando las nociones tradicionales de las finanzas y creando nuevas oportunidades para la innovación y el crecimiento. A medida que sigan evolucionando y ganando aceptación, no cabe duda de que reconfigurarán el mundo del comercio de innumerables formas nuevas y apasionantes.

XV. RECOMENDACIONES

A la luz del impacto que las criptodivisas han tenido en la economía y los sistemas financieros mundiales, se han propuesto algunas recomendaciones para garantizar que sigan prosperando de forma sostenible. La primera recomendación es que los gobiernos reconozcan las criptomonedas como una clase de activos legítimos y creen marcos reguladores que proporcionen claridad y estabilidad a los inversores y las empresas que operan con criptomonedas. Esto ayudará a mitigar los riesgos relacionados con el blanqueo de capitales, el fraude y otras actividades delictivas, al tiempo que facilitará una mayor adopción de las criptomonedas por parte de instituciones convencionales como bancos y empresas de servicios financieros. La segunda recomendación es promover una mayor educación y concienciación sobre las criptomonedas entre el público en general. Esto puede lograrse mediante asociaciones entre gobiernos, empresas e instituciones académicas para crear programas educativos e iniciativas que enseñen a la gente los beneficios y riesgos de las criptodivisas, cómo funcionan y cómo pueden utilizarse de forma segura y responsable. Esto ayudará a reducir el nivel de escepticismo e incertidumbre que aún rodea a las criptodivisas y animará a más personas a invertir, utilizar y comerciar con estos activos digitales. Otra recomendación importante es promover la innovación técnica, la investigación y el desarrollo en el ámbito de las criptomonedas y la tecnología blockchain. Esto incluye el apoyo a emprendedores, startups y otros innovadores que están explorando nuevas formas de utilizar la criptomoneda y la tecnología blockchain para resolver problemas del mundo real y crear nuevos modelos de negocio. Esto ayudará a fomentar una mayor competencia e innovación en el mercado, y a garantizar que las criptomonedas sigan evolucionando y adaptándose para satisfacer las necesidades cambiantes de las empresas y los consumidores. Los gobiernos y las empresas deben colaborar para promover una mayor interoperabilidad entre las diferentes criptomonedas, así como entre las criptomonedas y los sistemas financieros tradicionales. Esto ayudará a crear sistemas de pago más fluidos y eficientes que puedan facilitar el comercio y las transacciones financieras transfronterizas, y reducir los costes y complejidades asociados a los métodos de pago tradicionales, como las transferencias bancarias y los pagos internacionales con tarjeta de crédito.

Las partes interesadas del sector de las criptomonedas deberían colaborar para promover una mayor transparencia y responsabilidad en el mercado. Esto incluye la creación de normas de información y divulgación, así como mecanismos para garantizar el cumplimiento de las leyes y reglamentos relacionados con las transacciones financieras y la privacidad de los datos. Esto ayudará a generar confianza y credibilidad entre inversores, reguladores y consumidores, y garantizará que el mercado se mantenga estable y sostenible a largo plazo.

Las criptomonedas representan una nueva y poderosa fuerza en la economía mundial que tiene el potencial de transformar la forma en que hacemos negocios, invertimos y comerciamos. Para aprovechar este potencial y garantizar que las criptomonedas sigan prosperando de forma segura y sostenible, es necesario cultivar un entorno que fomente la innovación, la educación y la colaboración, al tiempo que promueva una mayor transparencia y rendición de cuentas. Al adoptar estas recomendaciones, los gobiernos, las empresas y otras partes interesadas pueden liberar todo el potencial de las criptomonedas y ayudar a construir una economía mundial más inclusiva, eficiente y próspera.

POSIBLES ACCIONES PARA EL FUTURO

Teniendo en cuenta el crecimiento exponencial de las criptomonedas en la última década, está claro que están revolucionando nuestra forma de concebir los sistemas financieros y la economía mundial. Es importante considerar las posibles medidas que pueden adoptarse en el futuro para garantizar que las criptomonedas se integren adecuadamente en el sistema económico mundial. Una de las medidas que podrían adoptarse es que los gobiernos y las organizaciones financieras colaboren para regular y normalizar el uso de las criptomonedas. En la actualidad, no existe un verdadero organismo regulador que supervise el uso de las criptomonedas, lo que puede provocar volatilidad e inestabilidad en el mercado. Mediante la introducción de reglamentos y normas para el uso de criptomonedas, los gobiernos y las organizaciones financieras pueden ayudar a crear un entorno más estable y seguro tanto para los inversores como para los usuarios. Otra medida que podría adoptarse es seguir invirtiendo en el desarrollo de la tecnología blockchain. La tecnología blockchain es la tecnología subyacente que impulsa las criptomonedas, y tiene el potencial de revolucionar una amplia gama de industrias, desde la sanidad a la logística. Al invertir en el desarrollo de la tecnología blockchain, los gobiernos y los inversores privados pueden ayudar a liberar todo su potencial, lo que conducirá a una mayor eficiencia y ahorro de costes en una amplia gama de industrias. Además de invertir en el desarrollo de la tecnología blockchain, también es importante invertir en la educación y formación de las personas que trabajarán en este campo. A medida que se generalice la adopción de las criptomonedas, aumentará la demanda de personas con las capacidades y los conocimientos necesarios para trabajar con esta tecnología emergente. Esto incluye no sólo a desarrolladores y programadores, sino también personas con formación en derecho, finanzas y otros campos relacionados. Invirtiendo en programas de educación y formación, los gobiernos y los inversores privados pueden contribuir a garantizar una mano de obra cualificada y preparada para satisfacer las demandas de esta industria emergente. Otra medida crucial que debe adoptarse es abordar la cuestión de la seguridad y el fraude en el mercado de las criptomonedas. Aunque la tecnología blockchain es intrínsecamente segura y resistente a la piratería, las bolsas y carteras de criptomonedas no son inmunes a la piratería y el fraude. En consecuencia, es importante invertir en el desarrollo de medidas y protocolos de seguridad para proteger a los inversores y usuarios del fraude y el robo. Esto incluye el refuerzo de las medidas de seguridad digital, así como el desarrollo de métodos más rigurosos para verificar la identidad de usuarios e inversores. Es importante considerar las implicaciones sociales y económicas más amplias de las criptomonedas en la sociedad en su conjunto. A medida que se generaliza su adopción, las criptomonedas pueden poner en tela de juicio los sistemas financieros y las estructuras de poder tradicionales, dando lugar a un aumento de las desigualdades económicas y sociales. También tienen el potencial de exacerbar las desigualdades existentes, ya que las personas y empresas más ricas pueden invertir más en este mercado emergente. Con el fin de garantizar que los beneficios de las criptomonedas se distribuyan de manera uniforme en toda la sociedad, es importante desarrollar políticas e iniciativas que promuevan una mayor accesibilidad e inclusión en el mercado de las criptomonedas. Esto incluye abordar cuestiones como la alfabetización financiera y el acceso a la tecnología, así como promover una mayor diversidad en el mercado de las criptomonedas. La aparición y la influencia de las criptomonedas están transformando nuestra forma de pensar sobre los sistemas financieros y la economía mundial. Con el fin de garantizar que somos capaces de aprovechar plenamente el potencial de esta tecnología emergente, es importante tomar una serie de posibles acciones para el futuro, incluyendo medidas regulatorias, inversión en tecnología blockchain, educación y formación, protocolos de seguridad más fuertes y políticas que promuevan la inclusión y la diversidad. Tomando estas medidas, podemos ayudar a crear un sistema económico más estable, seguro y equitativo, capaz de satisfacer mejor las necesidades tanto de los individuos como de las sociedades. A medida que el mundo siga evolucionando, es probable que el papel de las criptomonedas en la economía mundial sea cada vez más importante, y es nuestra responsabilidad garantizar que se aproveche todo su potencial para el bien común.

SUGERENCIAS PARA LAS PARTES INTERESADAS

Sobre la base de los argumentos y observaciones presentados, está claro que las criptomonedas tienen potencial para perturbar y transformar la economía mundial. Es esencial que las distintas partes interesadas adopten medidas proactivas para aprovechar las oportunidades que presenta esta tecnología emergente y mitigar los riesgos potenciales. En primer lugar, los responsables políticos deberían adoptar un enfoque matizado e informado a la hora de regular las criptomonedas. Si bien es necesario prevenir actividades ilegales como el blanqueo de capitales y la financiación del terrorismo, una normativa demasiado estricta y restrictiva puede obstaculizar la innovación y la adopción. Los responsables políticos deben participar en amplias consultas con expertos de la industria y las partes interesadas para elaborar cuidadosamente un marco regulador que equilibre la seguridad, la innovación y la protección de los consumidores. Los responsables políticos deben trabajar en favor de la coordinación y la cooperación internacionales en la regulación de las criptomonedas, dada su naturaleza global y su potencial impacto transfronterizo. En segundo lugar, las instituciones financieras deberían adoptar las criptomonedas y trabajar para integrarlas en sus sistemas y procesos actuales. Los criptoactivos pueden proporcionar a los bancos nuevas fuentes de ingresos, menores costes operativos, plazos de liquidación más rápidos y mayor seguridad. Las instituciones financieras también deben reconocer la competencia potencial que suponen las criptomonedas y estar preparadas para adaptarse al cambiante panorama. Esto incluye proporcionar medidas de ciberseguridad de primera categoría, innovar nuevos productos financieros y colaborar con empresas y startups centradas en las criptomonedas. Al adoptar las criptomonedas, las instituciones financieras tradicionales pueden posicionarse para atraer al creciente grupo demográfico de consumidores conocedores de la tecnología y orientados a lo digital.

En tercer lugar, las empresas deben explorar los beneficios potenciales de aceptar criptomonedas como método de pago. Esto incluye la reducción de los costes de transacción, la ampliación del alcance del cliente, la mejora de la privacidad y tiempos de liquidación más rápidos. Las empresas también deben ser conscientes de la volatilidad y los riesgos regulatorios asociados a los criptoactivos y aplicar estrategias adecuadas de gestión de riesgos. Las empresas deben considerar la posibilidad de asociarse con empresas basadas en blockchain para aprovechar su experiencia y tecnología en la creación de sistemas de gestión de la cadena de suministro más eficientes o la mejora de los programas de fidelización de clientes.

En cuarto lugar, los consumidores deben informarse sobre las criptomonedas y tomar decisiones informadas a la hora de invertir o utilizarlas. Aunque las criptomonedas ofrecen numerosas ventajas, como la descentralización, el seudonimato y las transacciones sin fronteras, los usuarios también deben ser conscientes de los riesgos potenciales, como la volatilidad del mercado, las tramas fraudulentas y las brechas de seguridad. Los consumidores sólo deben invertir lo que puedan permitirse perder, llevar a cabo una investigación exhaustiva antes de comprar cualquier criptomoneda y mantener sus claves privadas a salvo de posibles robos o pérdidas. Los consumidores deben tener cuidado con las estafas o los intentos de suplantación de identidad y utilizar únicamente bolsas o monederos fiables y acreditados. Los académicos e investigadores deberían seguir explorando las implicaciones y aplicaciones potenciales de las criptomonedas. Aunque se ha investigado mucho hasta ahora, aún queda mucho por investigar sobre el impacto económico, legal y social de las criptodivisas. Las instituciones académicas deberían integrar la investigación centrada en blockchain y criptodivisas en sus planes de estudio y fomentar la colaboración interdisciplinar. Los académicos deben colaborar con los responsables políticos y los expertos de la industria para garantizar que sus investigaciones sean pertinentes, sólidas y tengan impacto. La aparición de las criptomonedas y la tecnología blockchain representa una transformación significativa de la economía mundial. Las criptomonedas tienen el potencial de perturbar los sistemas financieros tradicionales, aumentar la inclusión financiera y mejorar la privacidad y la seguridad. También plantean riesgos como la volatilidad, la ambigüedad normativa y las amenazas a la ciberseguridad. Es esencial que las distintas partes interesadas adopten un enfoque proactivo para aprovechar las oportunidades potenciales y mitigar los posibles riesgos. Los responsables políticos deben adoptar un enfoque matizado e informado para regular las criptomonedas, las instituciones financieras deben adoptar e integrar las criptomonedas en sus sistemas, las empresas deben explorar los beneficios potenciales de aceptar criptomonedas, los consumidores deben educarse y ser cautelosos, y los académicos deben seguir investigando las implicaciones y aplicaciones de las criptomonedas. Trabajando juntos, podemos construir una economía mundial más resistente e inclusiva que aproveche el potencial de esta tecnología revolucionaria.

OBSERVACIONES FINALES

La aparición de las criptomonedas ha marcado un cambio significativo en la economía mundial, provocando un debate y una aprensión generalizados. A pesar del escepticismo y la resistencia iniciales de las instituciones financieras tradicionales, las indiscutibles ventajas de las criptodivisas frente a la moneda tradicional han acabado ganando una aceptación generalizada. Con el aumento de la conectividad global y el auge de las tecnologías digitales, las criptodivisas se han convertido en un elemento importante del sistema financiero mundial, permitiendo transacciones en todo el mundo de forma descentralizada y transparente. La descentralización que proporcionan las criptomonedas tiene el potencial de democratizar el sistema y beneficiar a los grupos infrarrepresentados. La aparición de las criptomonedas también ha suscitado serias preocupaciones en materia de seguridad, regulación y volatilidad. La falta de regulación y supervisión en el mercado de las criptomonedas plantea riesgos potenciales tanto para los inversores como para las instituciones. La volatilidad de las criptomonedas y la posibilidad de manipulación del mercado plantean dudas sobre su estabilidad y su futuro papel en el sistema financiero. A pesar de estos retos, las criptomonedas parecen haber llegado para quedarse. El crecimiento exponencial de la tecnología blockchain y la creciente adopción de criptomonedas por parte de instituciones establecidas sugieren que el futuro de la economía mundial seguirá estando influido por su desarrollo. El mundo está asistiendo gradualmente a una nueva era en el sector financiero en la que las instituciones financieras tradicionales tendrían que incorporar estas nuevas tecnologías para seguir siendo relevantes a la hora de satisfacer las necesidades de sus clientes. Las criptomonedas han abierto un mundo de nuevas posibilidades, y las formas en que podrían transformar la economía mundial son innumerables. Las oportunidades que ofrecen para la democratización y la descentralización del sistema financiero podrían allanar el camino hacia una nueva era de distribución de la riqueza e inclusión financiera mundial. El uso de tecnologías descentralizadas como la cadena de bloques podría transformar la forma de operar de las empresas y ofrecer más oportunidades para los negocios transfronterizos. La eliminación de intermediarios y la reducción de los costes de transacción significan que las empresas podrían ahora participar en el comercio internacional con mayor facilidad y eficiencia. El auge de las criptomonedas ha propiciado el crecimiento de las ofertas iniciales de monedas (ICO), que podrían considerarse una forma de democratización de las inversiones en empresas emergentes. La inclusión de audiencias globales de todo el mundo en el proceso de crowdfunding capacita a los emprendedores de los mercados emergentes sin confinarlos a un lugar determinado, promoviendo así la participación económica global. Para que el mundo adopte plenamente las criptomonedas, aún queda mucho por hacer en términos de regulación y supervisión adecuadas. Esto garantizará que el mercado de las criptomonedas sea lo más seguro y estable posible y evitará el fraude generalizado del que parece estar plagado. A medida que ha ido creciendo el mercado, también lo ha hecho el número de estafadores que buscan obtener un beneficio rápido. Es importante que las instituciones adopten un enfoque comedido de la regulación, evitando ahogar la innovación y garantizando al mismo tiempo la estabilidad del mercado. Esto contribuirá a desalentar la manipulación del mercado, al tiempo que dará a los inversores y al público en general más confianza en el valor de las criptomonedas. Corresponde a los gobiernos y a las autoridades reguladoras de todo el mundo trabajar juntos para establecer normativas significativas y unificadas. Esto ayudaría a evitar una situación en la que la regulación en una parte del mundo es más complaciente a los defraudadores e impide la inversión de otros países. No se pueden ignorar las ventajas que ofrecen las criptomonedas. Siguen siendo una poderosa herramienta para reducir la dependencia de las economías de las monedas fiduciarias, que están sujetas a la manipulación de entidades como gobiernos y bancos centrales. Las monedas fiduciarias permiten a los gobiernos manipular la inflación y los tipos de cambio para mantener políticas económicas favorables. Estas políticas tienen consecuencias negativas para la economía en general y para los ciudadanos, que son los más perjudicados. Las criptomonedas, en cambio, resuelven el problema de la manipulación de las divisas al tiempo que garantizan la privacidad de sus clientes. Las criptomonedas han tomado el mundo por asalto, introduciendo nuevas posibilidades para la inclusión financiera global y la democratización de la distribución de la riqueza. No están exentas de desafíos, dada su volatilidad y falta de regulación. Aunque existe un interés creciente por parte de los inversores institucionales y las instituciones financieras tradicionales, su plena incorporación al sistema financiero depende de que el mercado sea seguro y estable. Los gobiernos y las autoridades reguladoras de todo el mundo deben unirse, establecer reglamentos y normas significativos, para construir un marco más completo y acomodaticio para el mercado. No obstante, el mundo ya está avanzando; los emprendedores y las empresas que pueden aprovechar el poder de las criptomonedas y el blockchain están creando un futuro tecnológico apasionante que promete ser de transición. El futuro de la economía mundial está cambiando, y la aparición de las criptomonedas y la tecnología blockchain es un testimonio de ese cambio. Las criptomonedas han surgido como una fuerza fascinante y disruptiva en la economía mundial. Desde la aparición del Bitcoin en 2009, esta tecnología ha sido elogiada por sus defensores como una nueva forma revolucionaria de intercambiar valor a través de las fronteras sin necesidad de intermediarios. Las criptomonedas también son objeto de un intenso escrutinio y debate, y muchos críticos sostienen que son un producto especulativo. Aunque el debate sobre la viabilidad a largo plazo de las criptomonedas continúa, es innegable que están cambiando las reglas de la economía mundial de forma significativa. Este apartado analizará la aparición y la influencia de las criptomonedas, e identificará cuatro formas en las que están cambiando la economía mundial. En primer lugar, la aparición de las criptomonedas está remodelando el sistema financiero mundial, desafiando el dominio de los bancos tradicionales y otros intermediarios financieros. Las criptomonedas permiten a particulares y empresas realizar transacciones directamente entre sí, sin necesidad de intermediarios. Este modelo "de igual a igual" no sólo reduce los costes de transacción, sino que también aumenta la velocidad a la que pueden procesarse las transacciones.

Como resultado, los bancos tradicionales se enfrentan a la competencia de las plataformas basadas en blockchain que permiten a los usuarios realizar transacciones financieras transfronterizas a una fracción de las comisiones bancarias tradicionales. Las criptomonedas también están empoderando a los particulares de nuevas maneras, permitiéndoles eludir por completo el sistema bancario tradicional y acceder a servicios financieros que antes no estaban a su alcance. En segundo lugar, las criptomonedas están cambiando la naturaleza del comercio mundial al permitir transacciones transfronterizas sin necesidad de cambiar divisas. En la actualidad, las tasas de conversión de divisas representan una parte significativa del coste del comercio transfronterizo. Con las criptomonedas, este coste puede reducirse o eliminarse por completo. Las criptomonedas ofrecen una forma de realizar transacciones transfronterizas sin fronteras ni fricciones, lo que permite a las empresas comerciar con socios de otros países de forma más eficiente. La capacidad de realizar transacciones transfronterizas con facilidad también ofrece nuevas oportunidades para las pequeñas empresas y los emprendedores que antes tenían dificultades para participar en el comercio transfronterizo. En tercer lugar, las criptomonedas están transformando la forma de crear, juzgar e intercambiar valor en la economía mundial. Las criptomonedas se describen a menudo como una red descentralizada y sin confianza que permite a las personas realizar transacciones sin necesidad de intermediarios. Este modelo sin confianza se basa en tecnología blockchain, que permite realizar transacciones seguras, transparentes y a prueba de manipulaciones. Al permitir la confianza en una red distribuida, las criptomonedas permiten a los particulares crear y distribuir valor de formas nuevas e innovadoras. Esto se observa en el auge de las ofertas iniciales de monedas (OIC), que permiten a las empresas obtener capital de una comunidad de inversores, y en el creciente uso de contratos inteligentes que se ejecutan automáticamente cuando se cumplen determinadas condiciones. Estos avances señalan un cambio importante hacia la descentralización, modelos distribuidos de creación de valor que podrían transformar la economía mundial. Las criptomonedas están causando trastornos y provocando respuestas reguladoras por parte de gobiernos e instituciones financieras de todo el mundo. La naturaleza descentralizada de las criptomonedas significa que existen fuera del control de los reguladores financieros tradicionales. Esto ha suscitado preocupación por el uso indebido de las criptomonedas para actividades ilegales, como el blanqueo de dinero y la financiación del terrorismo. Los gobiernos y las instituciones financieras han respondido imponiendo normas a las criptomonedas. Por ejemplo, China ha prohibido las ICO y Corea del Sur ha introducido medidas para restringir el comercio de criptomonedas. Aunque no existe un consenso mundial sobre cómo regular las criptomonedas, está claro que están obligando a gobiernos e instituciones financieras a lidiar con los retos que plantea esta nueva tecnología.

Las criptomonedas han surgido como una fuerza disruptiva en la economía mundial, cambiando las reglas del juego de manera significativa. Ofrecen un nuevo modelo de intermediación financiera que reduce los costes de transacción, aumenta la velocidad de las operaciones y abre nuevas oportunidades para particulares y pequeñas empresas. También desafían el modelo tradicional de comercio transfronterizo, permitiendo a las empresas comerciar con socios de otros países de forma más eficiente. Las criptomonedas transforman la forma en que se crea, juzga e intercambia el valor en la economía mundial, ofreciendo un modelo descentralizado y sin confianza que está transformando el sistema financiero mundial. Las criptomonedas están causando trastornos y provocando respuestas reguladoras por parte de gobiernos e instituciones financieras de todo el mundo. Aunque la viabilidad a largo plazo de las criptomonedas sigue siendo incierta, está claro que están transformando la economía mundial de manera fundamental. A medida que la tecnología y el entorno normativo evolucionen, será fascinante ver cómo esta fuerza disruptiva sigue cambiando el panorama económico mundial. Las criptomonedas se han convertido en un medio alternativo de transacción, inversión y conservación del patrimonio para particulares de todo el mundo. La influencia de las criptomonedas en la economía mundial es polifacética, y es importante comprender sus orígenes y su posible impacto en el sistema financiero tradicional. La aparición de las criptomonedas se ha asociado a menudo con el deseo de un sistema financiero descentralizado, que no esté controlado por una autoridad central como un gobierno o una institución financiera. Esto ha creado un nuevo mercado de divisas digitales que opera al margen de los sistemas financieros tradicionales, con inversores y comerciantes de todo el mundo que compran y venden criptomonedas en una red blockchain. La popularidad de las criptomonedas ha aumentado significativamente en los últimos años, con Bitcoin, la primera criptomoneda del mundo, desempeñando un papel importante en la popularización de la tecnología blockchain. Hoy en día, las criptomonedas están siendo adoptadas por grandes empresas y gobiernos, como Tesla y El Salvador. En el centro del atractivo de las criptomonedas está el uso de la tecnología blockchain para facilitar las transacciones. La tecnología blockchain proporciona un medio seguro, transparente y rastreable de almacenar y compartir datos. En el caso de las criptomonedas, permite las transacciones entre particulares sin necesidad de un tercero intermediario, como un banco. Esta descentralización del sistema financiero tiene el potencial de cambiar las reglas de la economía mundial al proporcionar una nueva forma de que las personas realicen transacciones entre sí sin las instituciones financieras tradicionales y sus comisiones asociadas.

Las posibles ventajas de las criptomonedas van más allá de la reducción de las comisiones por transacción y del control que las autoridades centrales ejercen sobre el sistema financiero. También ofrecen transacciones transfronterizas rápidas y seguras, especialmente valiosas para quienes realizan negocios internacionales. Las criptomonedas tienen la capacidad de facilitar micropagos de una forma que nunca antes había sido posible, lo que hace que la riqueza individual sea más fácil de transferir y almacenar. A pesar de los beneficios potenciales, las criptomonedas no están exentas de riesgos. La naturaleza descentralizada de la tecnología blockchain hace que las criptomonedas sean susceptibles de sufrir ciberataques y otros delitos informáticos. Cualquier brecha de seguridad importante o hackeo podría dar lugar a una pérdida significativa de valor, no sólo para los inversores, sino para todo el mercado de criptomonedas. La falta de regulación en el mercado plantea verdaderos retos en la supervisión del comercio de criptodivisas. El fraude, la manipulación de precios y el blanqueo de dinero son problemas reales que se han puesto de manifiesto en incidentes muy sonados en los que se han visto implicadas bolsas de criptomonedas. La economía mundial ha estado prestando atención al auge de las criptomonedas, tanto con entusiasmo como con escepticismo. La adopción de criptomonedas por parte de las empresas, por ejemplo, ha demostrado la creciente aceptación y reconocimiento del potencial de las monedas digitales. Aún queda mucho camino por recorrer en el desarrollo de normativas que equilibren la necesidad de innovación y la protección de los consumidores. Los riesgos inherentes a las criptomonedas han llevado a algunos países, como China, a adoptar una postura de línea dura frente a la tecnología, prohibiendo rotundamente el comercio y la minería de criptomonedas. Otros, como El Salvador, han adoptado las criptomonedas y las han convertido en moneda de curso legal en el país. La pregunta sigue siendo: ¿qué depara el futuro para las criptomonedas y la economía mundial? Aunque es imposible predecirlo con certeza, el potencial de crecimiento y desarrollo del mercado de las criptomonedas es enorme. La adopción de la tecnología blockchain ya ha demostrado su potencial transformador en varios sectores, como las finanzas, la gestión de la cadena de suministro y la sanidad. La continua integración de la cadena de bloques y las criptomonedas en nuestra vida cotidiana es inevitable, ya que cada vez más empresas y particulares aceptan la tecnología como un medio alternativo creíble de transacción e inversión. No cabe duda de que las criptomonedas han trastornado el sistema financiero tradicional y han cautivado la imaginación de particulares y empresas por igual. Su potencial para revolucionar la economía mundial las convierte en un tema de estudio fascinante e importante. A medida que la sociedad y las empresas siguen adoptando la tecnología blockchain y las criptomonedas, es crucial que conozcamos mejor los riesgos y beneficios de esta revolución financiera transformadora. Si el mercado de las criptomonedas puede superar los retos a los que se enfrenta actualmente, no cabe duda de que seguirán desempeñando un papel fundamental en la configuración de la economía mundial en los próximos años.

BIBLIOGRAFÍA

Giovanni Rigters. 'Bitcoin para principiantes y dummies'. Cryptocurrency & Blockchain, Distribuido a través de Smashwords, 1/1/2018

Henry Hillman. Blanqueo de capitales mediante criptomonedas". Análisis de las respuestas de Estados Unidos y Australia y recomendaciones para que el Reino Unido aborde los riesgos de blanqueo de dinero que plantean las criptodivisas, Universidad del Oeste de Inglaterra, 1/1/2021

Shaen Corbet. Comprender el fraude de las criptomonedas". Los retos y vientos en contra para regular las monedas digitales, Walter de Gruyter GmbH & Co KG, 12/6/2021

Joseph Benaiah Cox. 'Un análisis de estudio de sucesos sobre la incertidumbre normativa derivada de la aplicación de la Ley Dodd-Frank".. Georgetown University-Graduate School of Arts & Sciences, Public Policy & Policy Management, 1/1/2012

Wim Schoutens. 'Gestión del riesgo financiero de las criptomonedas'. Eline Van der Auwera, Springer Nature, 9/20/2020

Barry Howard Minkin. 'Futuro a la vista'. 100 tendencias, implicaciones y predicciones que más afectarán a las empresas y a la economía mundial en el siglo XXI, Macmillan, 1/1/1995

P. Fisher. 'Expectativas racionales en los modelos macroeconómicos".. Springer Science & Business Media, 31/8/1992

Dominic Frisby. 'Bitcoin. El futuro del dinero?', Unbound Publishing, 11/1/2014

Eswar S. Prasad. 'El futuro del dinero'. Cómo la revolución digital está transformando las divisas y las finanzas, Harvard University Press, 21/9/2021

Xu Huang. 'Fusión de Big Data, Blockchain y Criptomoneda'. Su importancia individual y combinada en la economía digital, Hossein Hassani, Springer Nature, 18/12/2019

Willi Leibner. Criptomonedas y Blockchain. Relevancia y riesgos para las empresas en la era de la digitalización.' GRIN Verlag, 18/04/2018

Liutauras Rokas. '¿Está dispuesto el consumidor a adoptar la innovadora criptomoneda Bitcoin como medio de pago?'. GRIN Verlag, 28/4/2020

Estados Unidos. Congreso. Cámara de Representantes. Comité de Medios y Arbitrios. Subcommittee on Trade. 'El impacto del comercio internacional en el empleo de EE.UU.'. Un estudio de la literatura, U.S. Government Printing Office, 1/1/1977

Herbert B. Mayo. 'Inversiones: Una introducción'. Cengage Learning, 1/1/2020

S. C. León. 'Libra Coin: ¿Cómo afectará a la economía mundial? Todo lo que necesitas saber sobre la criptodivisa Libra'. Publicado de forma independiente, 13/10/2019

Eric Alton. 'Blockchain: la guía para principiantes de la tecnología que revoluciona la economía'. Plataforma de publicación independiente Create-Space, 10/1/2016

N. McGregor. 'Cambiando las reglas del juego'. Cuestiones económicas, de gestión y emergentes en la industria de los juegos de ordenador, S. Hotho, Springer, 24/10/2013

www.ingramcontent.com/pod-product-compliance
Lightning Source LLC
Chambersburg PA
CBHW072355290526
45794CB00001B/69